A BUSCA DA JUSTA MEDIDA

Dados Internacionais de Catalogação na Publicação (CIP)
(Câmara Brasileira do Livro, SP, Brasil)

Boff, Leonardo
    A busca da justa medida : como equilibrar o Planeta Terra / Leonardo Boff. – Petrópolis, RJ : Vozes, 2023.

    ISBN 978-65-5713-898-4

    1. Antropologia filosófica 2. Cristianismo – Aspectos sociais 3. Humanidade – Antropologia filosófica 4. Justiça social – Filosofia 5. Reflexões I. Título.

22-137833   CDD-128

Índices para catálogo sistemático:
1. Antropologia filosófica   128

Inajara Pires de Souza – Bibliotecária – CRB PR-001652/0

LEONARDO BOFF

A BUSCA DA JUSTA MEDIDA
COMO EQUILIBRAR O PLANETA TERRA

© by Animus/Anima Produções Ltda.
Caixa Postal 92.144 - Itaipava
25741-970 Petrópolis, RJ
www.leonardoboff.com

Direitos de publicação em língua portuguesa:
2023, Editora Vozes Ltda.
Rua Frei Luís, 100
25689-900 Petrópolis, RJ
www.vozes.com.br
Brasil

Todos os direitos reservados. Nenhuma parte desta obra poderá ser reproduzida ou transmitida por qualquer forma e/ou quaisquer meios (eletrônico ou mecânico, incluindo fotocópia e gravação) ou arquivada em qualquer sistema ou banco de dados sem permissão escrita da editora.

Diretor Editorial
Volney J. Berkenbrock

Editores
Aline dos Santos Carneiro
Edrian Josué Pasini
Marilac Loraine Oleniki
Welder Lancieri Marchini

Conselheiros
Elói Dionísio Piva
Francisco Morás
Gilberto Gonçalves Garcia
Ludovico Garmus
Teobaldo Heidemann

Secretário Executivo
Leonardo A.R.T. dos Santos

_____

Editoração: Maria da Conceição B. de Sousa
Projeto gráfico: Sheilandre Desenv. Gráfico
Revisão gráfica: Anna Carolina Guimarães
Capa: Adriana Miranda
Ilustração de capa: Pedro Pinheiro (@pedro_arte)

ISBN: 978-65-5713-898-4

Este livro foi composto e impresso pela Editora Vozes Ltda.

Índice

Introdução, 9

Primeira parte – O drama e a tragédia da ausência da justa medida, 11

1 Assim como está, o mundo não pode continuar, 13

    1.1 A urgência de mudar o modo de habitar a Casa Comum, 13

    1.2 Vamos ao encontro de nossa própria autodestruição?, 15

    1.3 Desta vez não haverá uma Arca de Noé salvadora, 17

    1.4 O futuro da vida e da humanidade está em nossas mãos, 20

2 O sistema capitalista e o neoliberalismo sob ataque, 23

    2.1 Os mantras do capitalismo, 23

    2.2 Como opera a falta da justa medida no capitalismo, 24

    2.3 Uma economia que trabalha e a outra que ganha sem trabalhar, 27

    2.4 Tudo virou mercadoria, até órgãos humanos, 29

    2.5 Um planeta limitado não tolera um crescimento ilimitado, 32

    2.6 O mais importante da vida não entra no PIB, 34

3 A falta da justa medida move uma guerra contra a Terra, 37

   3.1 "O complexo deus": pôr e dispor tudo a seu bel--prazer, 38

   3.2 Somos todos interconectados, 40

   3.3 As consequências perversas da guerra contra a Terra, 42

   3.4 A falta da justa medida: o DNA do capital, 44

4 Etapas da guerra contra Gaia: da interação à destruição, 47

   4.1 A interação com a natureza, 47

   4.2 A intervenção na natureza, 48

   4.3 A agressão à natureza, 49

   4.4 A destruição da natureza, 51

   4.5 A erosão da Matriz Relacional, 51

   4.6 O pretenso "pequeno deus" na Terra, 55

Segunda parte – No atual contexto é possível uma cultura da justa medida?, 59

5 Dois pressupostos: a interdependência e a corresponsabilidade, 61

   5.1 Graves interrogações, 61

   5.2 A interdependência global, 63

   5.3 A responsabilidade universal, 68

6 Realizações possíveis da justa medida: pessoal e regional, 73

   6.1 Comece consigo mesmo, 73

   6.2 Refazer o Contrato Natural com a Terra, 76

   6.3 Trabalhar o território: o biorregionalismo, 78

6.4 A primazia exacerbada da troca sobre o uso moderado, 80

6.5 A produção ao ritmo da natureza, 82

7 Realização viável da justa medida na política, 84

7.1 A sociedade: campo de equilíbrios e de excessos, 85

7.2 A Política com P maiúsculo e política com p minúsculo, 85

7.3 Por que a sociedade atual perdeu a justa medida?, 89

7.4 A construção da sociedade civil e dos movimentos sociais, 90

7.5 A justa medida: uma democracia sem fim e socioecológica, 92

8 Da cultura da dominação à cultura da justa medida, 95

8.1 Contra a cultura do excesso, do desperdício e da autodestruição, 95

8.2 Contra a predominância da cultura sem justa medida, 97

8.3 Um banqueiro "vale" mais do que um cuidador de pobres de rua?, 99

8.4 O Índice da Felicidade: a cultura do humano, 100

9 Passar da cultura do excesso à cultura da justa medida, 103

9.1 O Rei Midas trocou ouro pelo cuidado da natureza, 104

9.2 A justa medida converteu o Rei Midas, 107

9.3 O lento despertar da consciência entre empresários, 108

Conclusão – Uma ética e uma espiritualidade da justa medida, 111

Introdução

O presente livro (*A busca da justa medida – Como equilibrar o Planeta Terra*) dá continuidade à obra *O pescador ambicioso e o peixe encantado – A busca pela justa medida*. Nela utilizamos a narrativa, entremeada de contos e mitos que, não raro, tornam mais compreensíveis os temas tratados conceitualmente, como a falta de medida e de moderação, o excesso, a cobiça, próprios de nosso sistema de produção e de consumo.

Neste segundo texto retomaremos a temática da busca da justa medida em vários campos da existência humana, pessoal e coletiva. Porém, nós lhe conferiremos um caráter mais reflexivo no sentido de tentar ir à raiz dos problemas em tela.

Frisamos novamente que, entre as muitas causas da crise generalizada de nossa civilização planetizada, ressalta-se a ausência da **justa medida** e do sentido da **autocontenção**. Estes dois valores estão presentes em todas as éticas mundiais, da Antiguidade até atualmente, no Ocidente e no Oriente. Por esta razão, vale nos ocuparmos deles e considerarmos seus desdobramentos e infiltrações – praticamente em todas as atividades e instituições –, seja de forma visível, seja invisível e sutil.

Para aquilo que é venenoso para a nossa cultura – a negação da justa medida –, o seu resgate poderá ser também o seu remédio – a justa medida feita hábito permanente e cultura dominante. Este é o sentido de nossa diligência e a motivação das presentes reflexões.

Sem tais valores e princípios dificilmente sairemos da crise radical que nos assola, que poderá nos trazer grandes tribulações e nos levar a um mundo que não gostaríamos de habitar.

Primeira parte

O drama e a tragédia da ausência da justa medida

1

Assim como está, o mundo não pode continuar

Vigora há muito tempo um inegável sentimento de que estamos no coração de uma crise visceral, afetando praticamente todos os âmbitos da vida, mas especialmente a humanidade e a Terra, nossa Casa Comum. Corremos até o risco de que o nosso futuro, a nossa civilização mundializada e a própria vida sofram gravíssimos danos. Assim como o mundo está, não é possível continuar, porque pesam sobre ele graves ameaças, decorrentes de muitos séculos de destruição causada pelos seres humanos.

1.1 A urgência de mudar o modo de habitar a Casa Comum

Vamos tomar como referência a intrusão em 2019 do coronavírus e sua persistência até quando escrevemos este livro. Por ter afetado todos os humanos do planeta, sua ação perdurará durante muito tempo. Porém, ele poupou nossos animais de estimação, como os gatos e os cachorros.

Nisso tudo deve haver uma lição a ser apreendida. Como foi um fato inédito – jamais ocorrido, nesta extensão, em nossa história conhecida, provocando milhões de mortes –, esta antirrealidade provocará reflexões e estudos durante muito tempo. As atuais vão para além da conjuntura de 2019, com seu aparecimento na China e sua viralização mundial.

Sabemos que a covid-19 é consequência do *desmesurado* avanço dos seres humanos sobre a natureza, destruindo o *habitat* do vírus, que procurou outra saída num animal próximo, e deste veio aninhar-se em nossas células.

Muitas são as causas, mas a principal e mais imediata reside na perda da *justa medida e da ausência de cuidado* de uns para com os outros, com a natureza e com a Terra. Tomaremos este fato como objeto de reflexão e de lição para uma urgente mudança no nosso modo de vida e também para uma nova forma de plasmar o nosso futuro na pós-pandemia.

Nada é fortuito na natureza e na história. O vírus nos obrigou a parar as atividades em espaços públicos como fábricas, escolas, igrejas, lojas e restaurantes. Forçou-nos a medidas restritivas e especialmente a confinamento social. Tudo isso tem um sentido bem preciso: fazer-nos refletir sobre os erros cometidos – provocadores de tão desastrosas consequências – e sobre novos comportamentos que deveremos incorporar na pós-pandemia para não sermos castigados por outras ainda mais letais.

E tem mais: esse fato nos ofereceu a oportunidade, numa espécie de retiro familiar e social, para pensar e decidir sobre que tipo de Terra queremos habitar daqui em diante. Não nos é permitido voltar atrás ao *antigo normal*. Seria regressar a um mundo de iniquidades sociais e ecológicas, exatamente aquele mundo que nos trouxe o coronavírus. Precisamos forjar um *novo normal*, que deverá se orientar pela busca da *justa medida, pelo caminho do meio e pelo ótimo relativo – isto é, no nem demais e no nem de menos, no equilíbrio dinâmico* – em relação à Terra, à natureza, à sociedade, às comunidades e à nossa vida pessoal.

Em outras palavras, temos de nos reinventar como humanos que aprendem a se *autocontrolar*, a se *autolimitar*, a *moderar* seus desejos de *crescer*, de se *desenvolver* e de *possuir sempre mais*. Urge construir uma forma mais benevolente de habitar a Casa Comum. Só com tal comportamento atenderemos às sérias advertências que nos foram feitas pela covid-19. Caso contrário, o nosso futuro estará sob risco. Em razão desta crise dolorosa são desenhados cenários sombrios, preocupantes e pouco promissores. Porém é preciso que os entendamos, confiadamente, não como tragédias fatais, mas como desafios a serem enfrentados. Eles surgem para nos obrigar a mudar, a evoluir e a buscar formas mais favoráveis de viver e de conviver com todo o meio ambiente.

1.2 Vamos ao encontro de nossa própria autodestruição?

Autoridades das mais respeitáveis – sejam de ecologistas, de cientistas, de políticos e de religiosos – nos alertam:

desta vez não haverá uma Arca de Noé que salve alguns e deixe perecer os demais. O Papa Francisco – respeitado por todos – adverte em sua encíclica *Todos irmãos e irmãs* (*Fratelli Tutti*, 2020): "Estamos todos no mesmo barco, ou nos salvamos todos ou ninguém se salva".

Os valores do passado e do presente são insuficientes para projetar um futuro de esperança. Não podemos mais construir sobre eles; o destino comum nos conclama a inaugurar um *novo começo*. Temos que mudar; ou mudamos ou vamos ao encontro de uma tragédia ecológico-social jamais ocorrida na história humana. Não é impossível que até mesmo grande parte da espécie humana corra o risco de desaparecer da face da Terra. Oxalá, que o Criador e a Terra, que é Mãe, tenham compaixão de nós e não permitam tal ocorrência.

Um dos alertas mais diretos e ameaçadores vem da *Carta da Terra*. Esta tem especial autoridade porque foi fruto da consulta, durante vários anos, de grande parte da humanidade. O propósito dessa consulta era identificar valores e princípios importantes a ser incorporados coletivamente para continuarmos a habitar a Casa Comum, sendo oficialmente assumidos pela Unesco em 2003. Assim reza a abertura da *Carta*:

> Estamos diante de um momento crítico na história da Terra, numa época em que a humanidade deve escolher o seu futuro [...]; a nossa escolha é essa: ou formamos uma aliança global para cuidar da Terra e uns dos outros, ou arriscaremos a nossa destruição e a destruição da diversidade da vida.

Face a esta grave advertência, surgem as perguntas: Por que chegamos a esta situação de grave risco? Quais as razões que nos levaram a este cenário dramático? Temos condições reais de evitar o perigo de autodestruição? Que decisões significativas devemos tomar para que, de fato, tenhamos um horizonte de esperança? Temos tempo suficiente e sabedoria acumulada para enfrentar, com sucesso, os desafios à nossa frente? Será que não chegou a nossa vez de nos despedirmos definitivamente deste planeta, como ocorre diariamente com tantas outras espécies?

1.3 Desta vez não haverá uma Arca de Noé salvadora

Aqui me ocorre um conto do eminente pensador dinamarquês Søren Kierkegaard (1813-1855):

> Havia um circo ambulante um pouco fora de uma pequena vila. Eis que se instalou grave incêndio nas cortinas no fundo do teatro. O diretor, então, chamou o palhaço, que estava pronto a entrar em cena, para que fosse até à vila pedir socorro. Este foi incontinenti. Gritava pela praça e pelas ruas, conclamando o povo para que viesse ajudar a apagar o incêndio. Todos achavam graça, pois pensavam que era um truque de propaganda para atrair o público. Quanto mais gritava, mais riam. O palhaço pôs-se a chorar e, então, todos passaram a rir ainda mais. Ocorre que o fogo queimou todo o teatro e se espalhou pelo campo contiguo, atingiu a vila e ninguém conseguiu se salvar. Assim, suponho eu, é a forma pela qual o mundo vai acabar no meio da hilaridade

geral dos gozadores e galhofeiros deste mundo, que pensam que tudo, enfim, não passa de mera gozação.

Estas palavras de Kierkegaard se aplicam perfeitamente aos céticos, que são muitos, espalhados em meio a cientistas, empresários, autoridades eclesiásticas e gente do povo. Pensam que o aquecimento global é uma grande enganação, uma conspiração dos globalistas e comunistas para dominarem o mundo, ou mesmo um alarme desnecessário. Dizem que o fenômeno é, em grande parte, natural, e que a Terra tem condições de encontrar por si mesma o perfeito equilíbrio. Vivem à maneira dos ricos do Titanic, fazendo negócios com joias, comendo, bebendo e ouvindo a orquestra tocar, sem se darem conta de que estavam afundando. Desta vez não é o navio que vai ao encontro de um *iceberg*, mas o *iceberg* que vem se chocar com o navio; vale dizer: o aquecimento global com seus eventos extremos.

Também há pessoas, não muitas, que levam a sério as advertências; igualmente podem ser elencadas nações, grandes instituições, ONGs, grupos de base e escolas, principalmente as muitas conferências da ONU sobre o clima da Terra. Um nome especial deve ser citado: o Papa Francisco, que continuamente fala do alarme ecológico planetário, afetando todos os ecossistemas da Terra. Em função disso, escreveu duas encíclicas de ecologia integral, com graves advertências: a *Laudato Si': como cuidar da Casa Comum* (2015) e a *Fratelli Tutti* (2020).

Sabe-se que se os tomadores de decisões começarem a aplicar imediatamente apenas 2% do PIB mundial seria possível equilibrar o clima global e garantir a continuidade da aventura planetária com perspectivas de esperança e de futuro. Mas a grande maioria não tomou nenhuma medida efetiva.

É fato inegável que estamos diante de um problema global; este não afeta apenas esta ou aquela região, mas o conjunto da atmosfera, da biosfera e do inteiro planeta. Somos todos interdependentes, e as ações de todos afetam a todos, para o bem ou para o mal. Desta vez não há uma Arca de Noé que, como outrora, salve alguns e deixe os outros perecerem. Desta vez – repetimos – vale a advertência do Papa Francisco, "ou nos salvamos todos ou ninguém se salva".

Se eventualmente grande parte dos humanos desaparecer, a Terra continuará por milhões e milhões de anos a girar ao redor do Sol, mas sem eles. Advertiu-nos com graves palavras um dos maiores historiadores do século XX, Eric Hobsbawm, em seu conhecido livro *A era dos extremos* (1994: 502):

> Não sabemos para onde estamos indo. Contudo, uma coisa é certa: se a humanidade quer ter um futuro aceitável, não pode ser pelo prolongamento do passado ou do presente. Se tentarmos construir o terceiro milênio nessa base, vamos fracassar. E o preço do fracasso – ou seja, a alternativa na mudança da sociedade – é a escuridão.

1.4 O futuro da vida e da humanidade está em nossas mãos

Mesmo tomando a sério a referidas ameaças, cabe a nós, enquanto vivermos, inviabilizar tal eventualidade. Fomos criados criadores. Nutrimos a esperança de que iremos criar outra forma de habitar a Casa Comum, na qual possamos caber minimamente felizes, junto com os demais irmãos e irmãs da natureza. Ademais, assegura-nos a Palavra da Revelação com estas palavras de esperança: "Sim, ó Deus, Tu amas todos os seres; se odiasses alguma coisa, não a terias criado; a todos poupas porque a ti pertencem, ó soberano amante da vida" (Sb 11,23-24).

Seguramente, seremos poupados porque a Ele pertencemos, *o soberano amante da vida*. O compassivo Criador não permitirá que desapareçamos de forma tão miserável depois de milênios de muito trabalho e de pesados sacrifícios, ascendendo onerosamente da evolução.

Nossas origens se encontram no coração das grandes estrelas vermelhas, surgidas após o *Big Bang*, ocorrido há 13,7 bilhões de anos. Dentro delas, por alguns bilhões de anos, como numa fornalha, foram forjados todos os elementos físico-químicos que nos constituem. Ao explodirem, esses elementos – como o oxigênio, o carbono, o enxofre, o azoto, dentre os mais de cem existentes – foram jogados em todas as direções. Formaram a miríade de galáxias, as estrelas, o Sol, a nossa Terra e todos os seres que nela habitam, incluindo-nos.

Assim, por exemplo, toda a vida sobre a Terra se baseia em 26 elementos químicos. Mas 95% dessa vida são construídos sobre apenas seis desses elementos – carbono, hidrogênio, nitrogênio, oxigênio, fósforo e enxofre –, que formam os "tijolos de construção" básicos de praticamente toda a vida na Terra.

Se somos o capítulo mais eminente do livro da vida, e filhos e filhas das estrelas, é sinal de que a nossa missão é permitir que a Terra, através de nós, de nossos olhos e de nossos sentidos, possa contemplar o inteiro universo e sentir-se parte deste todo. Além desta verdadeira missão, estamos aqui para recordar nossa origem estelar, guardar o brilho das estrelas dentro de nós e poder irradiá-lo. Este é o sentido de nossa presença no processo evolucionário e também o desígnio amoroso e poderoso do Criador.

Sabemos pelos astrofísicos e cosmólogos da sutilíssima e *justa medida* que as energias primordiais articularam entre si para que surgisse o universo que temos. Se, por exemplo, por pequeniníssimas frações, a força gravitacional não tivesse guardado a finíssima *justa medida* e fosse forte demais, tudo seria retraído e ocorreriam explosões sobre explosões; assim, não teria surgido o universo. Se, pelo contrário, ela não tivesse mantido uma *justíssima medida*, de tal forma que atraísse todos os elementos, estes teriam se diluído, e não seria possível a formação das galáxias, das estrelas, da Terra e de tudo o que nela contém. Portanto, a *justa medida* é um princípio de todo o universo, não somente de nossas sociedades e de nossos comportamentos.

A nossa diligência maior consiste em manter na Terra e em todas as inter-retro-relações a *justa medida*, a harmonia geral e, desta forma, em nosso contexto atual, *evitar ou protelar o fim do mundo*. Positivamente, é nossa responsabilidade *garantir a vida* e *salvaguardar* a integridade da Mãe Terra. Ela também consiste em advertir, a tempo e a contratempo, que o nosso eventual fim, ou de grande parte da humanidade, não é impossível.

Depois de termos executado o Filho de Deus na cruz, quando esteve entre nós, nada mais é impossível. "Ele veio para o que era seu, e os seus não o receberam" comenta, entristecido, o evangelista São João.

Não obstante, nutrimos a confiança e a esperança na capacidade de salvamento dos seres humanos, ajudados pelas forças diretivas do universo e da Terra e, não em último lugar, pela benevolência daquele Ser que faz ser todos os seres: Deus, o criador do céu e da Terra, e de tudo o que existe.

Este propósito só será alcançado se resgatarmos a *justa medida* e o *equilíbrio* perdido da Mãe Terra.

Para os cristãos, consola-nos saber que dois representantes de nossa humanidade, Jesus e Maria, já estão em corpo, em alma e em espírito na eternidade feliz, introduzidos e ressuscitados no reino da Trindade, no coração do Deus--comunhão, Pai-Mãe, Filho e Espírito Santo.

2

O sistema capitalista e o neoliberalismo sob ataque

A causa mais visível, entre outras, da falta da *justa medida*, verdadeiro drama planetário, reside concretamente no *capitalismo* como modo de produção e no *neoliberalismo* como sua expressão política.

Como a própria palavra *capitalismo* insinua, nele o capital possui a centralidade, e não o trabalho, sempre a ele subordinado. A relação entre ambos é profundamente desigual, em favor do capital, o que é fonte de desigualdades e injustiças. Por sua natureza, o capital não ama as pessoas, mas a sua força física de trabalho ou capacidade intelectual. Ele visa consumidores e clientes, e não cidadãos.

2.1 Os mantras do capitalismo

Este sistema de produção se rege pelos seguintes mantras que definem também o **neoliberalismo**: o *lucro* acima de tudo, a *concorrência* como seu motor, a acumulação *individual*, a *exploração* ilimitada dos recursos naturais, o *Es-*

tado mínimo, a *flexibilização* das leis (retirada de direitos), o *mercado* deve ganhar e a sociedade perder.

Ocorre que a intrusão do coronavírus e seu espalhamento sobre toda a Terra caiu como um meteoro rasante ou como um formidável raio sobre esse sistema. Desestruturou completamente esses seus mantras. Se os tivéssemos seguido, grande parte da humanidade estaria praticamente desamparada e sob risco de morte.

O que nos está salvando são os valores quase ausentes e até feitos invisíveis no sistema capitalista e neoliberal: *a vida* no lugar do lucro; *a interdependência entre todos* no lugar do individualismo; *a solidariedade* no lugar da concorrência; o *cuidado da natureza e de uns para com os outros* no lugar da exploração das pessoas e da natureza; *a sociedade* acima do mercado; promulgação de *leis e normas* impedindo a criação de oligopólios, pois estes significam uma *desmedida* concentração de riqueza em poucas mãos, e, por fim, um *estado suficientemente apetrechado* para atender às demandas da população, especialmente da mais necessitada.

2.2 Como opera a falta da justa medida no capitalismo

O excesso – vale dizer, a *falta da justa medida* – é o principal vício deste modo de produção e de organização político-social: *excesso* de *riqueza* de um lado e *excesso* de *pobreza* de outro; *excesso de consumo* de um lado e *excesso de fome* de outro; *excesso de querer mais e mais* de um lado e *excesso de falta de oportunidade* de outro; *excesso de arrogância* por pretender ser mais e melhor do que os outros; *excesso no uso da violência,* real e simbólica, nas palavras e nos atos; *excesso de exploração da natureza*; *excesso de consumo* por parte de uma pequena porção da humanidade em *detrimento da carência* dos bens essenciais das grandes maiorias.

As palavras geradoras do sistema do capital e do neoliberalismo revelam seu modo de ser, de agir e seu espírito.

Não indicam justa medida, dentre outros:
- Arrogância.
- Ausência do caminho do meio.
- Ato desmedido.
- Avidez.
- Cobiça.
- Desejo desenfreado.
- Excesso.
- Falta de autocontrole.
- Falta de autolimite.
- Falta de desprendimento.
- Falta de dose certa.
- Falta de equilíbrio dinâmico.
- Falta de média áurea.
- Falta de meio-termo.
- Falta de moderação.

- Falta de renúncia.
- Falta do ótimo relativo.
- Ganância.
- *Hybris*: ambição exagerada.
- Individualismo.
- Intemperança.
- Nem demais, nem de menos.
- Nunca se contentar.

Principais lemas deste modo de pensar e agir:
- Quem não tem, quer ter.
- Quem tem, quer ter mais.
- Quem tem mais diz: "Nunca é suficiente".

Um dos lemas da bolsa de valores mais importante do mundo, a de Nova York, é este: **A cobiça é coisa boa.** Resta saber para quem.

Os vários *excessos* e a *falta de justa medida* ganham corpo em todos os âmbitos da vida humana: pessoal, familiar, coletiva e mundial.

- Na **economia**: busca de um crescimento ilimitado e de ilimitada acumulação de riqueza.

- Na **vida social e mundial**: vigência de um único tipo de pensar e de agir.

- Na **política**: poder sem limites sobre os países pobres e sobre os marginalizados.

- Na **cultura**: imposição do pensamento único ou de um tipo dominante de vida.
- Na **vida cotidiana**: arrogância de ser e de saber mais do que os outros.

2.3 Uma economia que trabalha e a outra que ganha sem trabalhar

Dito numa perspectiva simplificadora, mas nem tanto, hoje predominam dois tipos de economia: a *produtiva* e a *especulativa*.

A *produtiva* investe na confecção de todo tipo de artefato para o consumo humano: construções, móveis, geladeiras, roupas, sapatos, carros, aviões etc.

A *especulativa* toma dinheiro acumulado e improdutivo e o joga na ciranda financeira, nas bolsas, nos empréstimos a juros; numa palavra, na pura e simples especulação: dinheiro fazendo dinheiro e obtendo-se lucro sem trabalhar.

Diz o economista Eduardo Moreira, ex-banqueiro transformado num dos maiores formadores de consciência crítica do Brasil e fundador do Instituto Conhecimento Liberta (ICL): "O 1% dos donos de terras concentram mais de 50% das terras cultiváveis do país. Quando consideramos o volume de dinheiro, o 1% mais rico do mundo possui mais reservas acumuladas do que os 90% mais pobres. Uma verdadeira catástrofe social". Este é um exemplo claro da total *ausência da justa medida e da excessiva cobiça* dos mais opulentos, que não dividem nem redistribuem sua riqueza entre aqueles que ajudaram a construí-la.

Grande parte das fortunas atuais está no mercado financeiro, compondo o capital improdutivo. Mundialmente são produzidos cerca de 90 trilhões de dólares. Notáveis economistas, pautados por senso humanitário, calcularam que se esse montante, salvaguardados os ganhos com juros, fosse dividido entre os 8 bilhões de habitantes da Terra, daria o equivalente mensal de 20 mil reais por família de 4 pessoas. No caso do Brasil, com 214 milhões de habitantes, seriam 11 mil reais por uma família, também de 4 pessoas.

Em outros termos, tal repartição permitiria assegurar a todos uma vida digna e confortável, com alimentos saudáveis, bom serviço de saúde, moradias dignas, educação de qualidade, lazer, segurança e tempo de vida mais longo.

Nessa repartição humanitária, o dinheiro não significa um fim em si mesmo, mas, sim, obtém-se o seu verdadeiro sentido: garantir a sobrevivência das pessoas e da comunidade. Ele é sempre meio, jamais fim, coisa que o capitalismo jamais aceitou, pois este é uma máquina de fazer dinheiro com dinheiro e pelo dinheiro, e não um instrumento para garantir – unindo recursos naturais com o trabalho humano – e assegurar uma vida decente e aprazível para todos.

Por que não o fazemos? Porque vivemos em sociedades *sem justa medida*, não temos coração, falta-nos a inteligência cordial, não sentimos o sofrimento do outro, não o acolhemos como nosso irmão e nossa irmã necessitados nem como companheiros e companheiras na breve passagem por este pequeno e belo Planeta Terra. Desaprendemos a chorar e a ter compaixão pelos caídos nas estradas da vida. Preferimos a *ganância e a acumulação ilimitada* a repartir um pouco do que nos sobra em **excesso**. E sabemos que nada de toda essa riqueza é levado para além desta vida.

2.4 Tudo virou mercadoria, até órgãos humanos

Um outro lado terrível explica a perversidade de nossa economia: passamos de uma *economia de mercado* para uma *sociedade de mercado*. O mercado existe na humanidade desde que sugiram as primeiras cidades. Elas eram o lugar do encontro das pessoas, onde se trocavam os produtos ou eram vendidos e comprados, onde até se estabeleciam relações de amizade e de amor que acabavam em casamentos. Assim, o mercado era algo importante em cada vila ou cidade.

De repente, ele deixou de ser parte e se transformou num todo. Assim, toda a sociedade se transformou num grande mercado. Quer dizer, tudo virou objeto de compra e de venda; tudo se transformou em mercadoria. Até mesmo coisas sagradas, como órgãos humanos, ou mesmo a escravização de pessoas.

Bens vitais como a água -- natural, comum, insubstituível e necessária a todos os seres humanos e os demais seres vivos – foram levados ao mercado e ganharam seu preço. Estabeleceu-se o dilema: *A água é fonte de lucro ou fonte de vida? O que vale mais*: a água ou o lucro? A resposta é evidente: A vida está acima de tudo, representa o bem mais precioso do universo, pois não há vida sem água. Mas esta virou um negócio de bilhões de dólares.

O mesmo pode ser dito das sementes, dadas gratuitamente pela natureza e hoje controladas por meia dúzia de empresas, que as negociam com os que querem produzir. Algumas são geneticamente modificadas, de tal forma que, estéreis, produzem somente uma safra.

Um pensador crítico do século XIX, um verdadeiro gênio da economia política, Karl Marx (1818-1883), prevendo a comercialização de tudo, escreveu profeticamente e com muito acerto em seu livro *A miséria da filosofia* (1847):

> Chegou, enfim, um tempo em que tudo o que os seres humanos haviam considerado não vendável, tornou-se objeto de venda, de troca, de tráfico: tempo em que as próprias coisas que até então eram compartilhadas, mas jamais feitas objeto de troca; doadas, mas jamais vendidas; possuídas, mas jamais compradas, como a virtude, o amor, a opinião, a ciência e a consciência. Tudo e tudo virou comércio, tudo foi levado ao mercado para receber o seu devido preço. É o tempo da corrupção geral e da venalidade universal.

E, assim, a nossa sociedade se degradou: tudo é consumível porque tudo, tudo mesmo, virou mercadoria, até mesmo o sagrado e o religioso. Com tudo se pode fazer dinheiro. É o triunfo de uma visão materialista e pobre, desumana e sem respeito.

A expressão suprema dessa forma de organizar a economia na sociedade contemporânea ganhou o nome de *li-*

beralismo econômico, e na sua forma mais extremada, de *neoliberalismo ultrarradical*. Formulado pela escola dos economistas de Viena, foi desenvolvido mais radicalmente em Chicago e aplicado em muitos países, também no Brasil.

Sua tese básica consiste em afirmar: *não há direitos universais; o único direito universal é o direito de propriedade*; único, universal, fundamental e absoluto que começa com o direito ao próprio corpo. A única instituição eticamente aceitável é o *mercado livre* (ou livre-mercado).

Entenda-se o *mercado livre* (outro nome para capitalismo) como uma realidade socioeconômica que não deve ter qualquer regulação de fora; a liberdade é para fazer os negócios sem nenhum entrave, seja por parte dos governos, seja pelas legislações, seja por parte dos direitos humanos. Sustenta-se a tese de que *não há direitos fora do mercado*.

Essa perversidade afirma: aqueles que estão fora deste mercado são os fracos e os fracassados. Não souberam se impor, e por isso devem dar lugar aos mais fortes. Em razão desta compreensão, os neoliberais asseguram que a pobreza não é um problema ético (organizar políticas sociais solidárias para que todos tenham o suficiente para viver), mas uma incompetência técnica. Igualmente afirmam que os pobres são indivíduos que por própria culpa perderam na competição com os outros.

Poucas vezes na história se viu tamanha desumanidade e perversidade. Com razão, a mais alta autoridade espiritual do catolicismo, o Papa Francisco, chama a este sistema econômico de "antivida", "assassino dos pobres e da natureza".

A consequência desta absoluta *falta de medida, do justo meio e da equidade* foi a redução ao máximo do Estado, o desmonte das leis trabalhistas e dos direitos sociais, conquistados com muitas lutas e até com sangue. Este projeto, caso perdure, transformará as populações em párias, implicará grave agressão à natureza e porá a própria vida no planeta, especialmente a vida humana, sob grave risco de ser profundamente reduzida (depopulação), quando não exterminada.

2.5 Um planeta limitado não tolera um crescimento ilimitado

Este tipo de economia parte de duas premissas falsas: (1) a Terra é um baú com recursos ilimitados, e por isso (2) permite um projeto de crescimento/desenvolvimento também ilimitado. Ambas as premissas se revelaram enganosas e mentirosas: a Terra é pequena, com recursos escassos, e muitos deles não renováveis, como o petróleo, o carvão, dentre outros minerais. Ela, por isso, não suporta um projeto de crescimento/desenvolvimento ilimitado.

Apesar destas limitações, a atual economia continua a assaltar de forma ilimitada os bens e serviços da natureza, sempre na perspectiva de acumular mais e mais, sem qualquer senso de *medida e de equilíbrio*.

Na ânsia de tudo conquistar sem se impor *limites* físicos e éticos, penetrou-se no mais íntimo da matéria, nos elementos subatômicos, nas partículas ínfimas, chamadas de *nanopartículas*, com as quais são produzidos artefatos que a natureza jamais faria por si mesma. Em sua *cobiça desmedida*, foram invadidos os sagrados mistérios da vida, os genes que contêm a fórmula de construção de nossas vidas. Manipulam-nos sem escrúpulos. Podem até trazer benefícios para a saúde, mas envolvem também grandes riscos por mexerem no equilíbrio que precisou de milhões de anos para se constituir e consolidar. Com que direito fazemos tudo isso? Tudo tem como norte o lucro.

Aqui devem prevalecer os princípios básicos: da *prevenção* e da *precaução*. Na *prevenção* podemos vislumbrar os efeitos maléficos e evitá-los. Na *precaução* não conseguimos identificar os efeitos maléficos de algum experimento científico ou de um medicamento novo. Então, desistimos de fazê-lo, pois esses efeitos poderão trazer grandes danos à vida e, no limite, distorcer o código genético até exterminar vidas da natureza e das pessoas.

Ao não se contentar com nada, o sistema político-econômico perdeu *o caminho do meio, o nem demais e o nem de menos, a justa medida*. Construíram-se arsenais de armas nucleares, químicas e biológicas que podem destruir por várias vezes toda a vida visível sobre a Terra, inclusive a nossa. Trata-se do já referido *princípio da autodestruição*.

A razão, ao se perder a *justa medida*, tornou-se irracional, enlouqueceu e criou os meios de destruir toda a espécie humana. Aqui alcançamos a culminância da *hybris*; quer dizer, a suprema arrogância de tudo dominar e subjugar, mesmo a preço do nosso próprio desaparecimento.

Um exemplo de grande perversidade, *da falta de justa medida e do excesso de cobiça* encontramos no Brasil com referência ao bioma amazônico, fundamental para o planeta, especialmente para o equilíbrio dos climas, para a manutenção da biodiversidade e para o fornecimento de água, cada vez mais escassa em nível mundial. Boa parte foi desmatada para dar lugar ao agronegócio e à pecuária, à mineração e ao garimpo junto aos grandes rios.

Todos os países seguem – alguns mais, outros menos –, o mesmo padrão capitalista de crescimento *ilimitado*, mensurado pelo Produto Interno Bruto (PIB), que é a soma de todos os bens e serviços materiais produzidos em cada país. Ai do país que anualmente não apresentar um crescimento do PIB. Ele regride ou entra em crise.

2.6 O mais importante da vida não entra no PIB

Curiosamente, tudo o que faz a existência humana apetecível, verdadeiramente humana, como o nível de harmonia social, o respeito aos limites da natureza, o cuidado das crianças e dos idosos, a paz, a solidariedade, a generosidade, a convivência entre os diferentes – acolhidos com respeito –, as artes, a poesia e a música, os valores morais, religiosos e espirituais – numa palavra, tudo aquilo que dá sentido à nossa trabalhosa existência como a alegria de viver e de conviver –, nada disso conta e pesa na balança do PIB. Tal constatação revela nossa anemia de espírito e nosso radical materialismo.

Sábio foi o Butão, um pequeno país aos pés do Himalaia, que criou o índice Felicidade Interna Bruta (FIB), tendo por base humanística a *justa medida*; vale dizer, não deixar ninguém para trás e garantir-lhe o básico para a vida. Em primeiro lugar vem a felicidade psicológica e humana dos cidadãos, a saúde, a educação, a valorização dos valores tradicionais. Entre os dez itens do FIB, a economia ocupa apenas o sétimo lugar. Aqui se revela o que realmente nos faz felizes e integrados com a comunidade de vida.

Voltamos à pergunta fundamental: Poderá a Terra, um planeta já velho, cansado, com bens e recursos limitados, aguentar tanta *cobiça* e *falta de qualquer moderação*? Ela está mostrando sua incapacidade de atender à voracidade da espécie humana. Ela está nos enviando sinais e nos dando severas lições. Uma delas, a mais dura e direta, foi a intrusão de vários tipos de vírus, e a partir de 2019 do coronavírus.

Cabe interpretar corretamente o significado da devastação que este vírus está fazendo em toda a humanidade, é um aviso dado pela Mãe Terra: não podemos continuar com a nossa relação antivida e com um sentido meramente utilitarista de suas riquezas, como se não tivessem valor em si mesmas e nós não fôssemos os guardiães de sua fertilidade e generosidade. Precisamos aprender a nos *autocontrolar*, e em tudo nos orientar pela *justa medida*, sem a qual não há paz com a natureza e com os seres humanos.

Temos que mudar, se quisermos ainda ter futuro sobre este pequeno e ridente planeta. Este é o desafio: a Casa

Comum deverá ser amada, respeitada e cuidada! Será possível a realização do sonho de uma fraternidade sem fronteiras e de um amor social que envolva a todos, abraçados como irmãos e irmãs, incluídos os demais seres da natureza, como é anunciado pelo Papa Francisco na Encíclica *Fratelli Tutti*?

Tal propósito somente será alcançado se imperar *a justa medida*, o sentido da justiça social e ecológico, regidos pela *moderação* e por nossa generosidade ao saber *renunciar* em benefício da vida e do próprio planeta.

A falta da justa medida move uma guerra contra a Terra

Quais as causas nos levaram a perder o sentido da *justa medida* e de termos inventado a guerra? Inegavelmente estamos levando uma guerra insana contra Gaia, a Mãe Terra. Podemos adiantar que uma das causas principais reside na fantasia ilusória, verdadeira *arrogância*, de que o ser humano é "um pequeno deus na terra".

Na fábula contada no livro *O pescador ambicioso e o peixe encantado – A busca pela justa medida* narra-se *a hybris*, o *desejo ilimitado* que perdeu sua *justa medida*, a ponto de o pescador querer ser o próprio bom Deus, que faz nascer o sol e a lua. Pela tecnociência, o ser humano imaginou ser esse "pequeno deus" que quase tudo pode, até criar meios de destruir toda a humanidade.

O coronavírus, invisível e inatacável, colocou de joelhos os detentores de armas de destruição em massa, inúteis contra a covid-19. Todos, humilhados, estão suplicando por salvação.

3.1 "O complexo deus": pôr e dispor tudo a seu bel-prazer

Chegou-se a dizer que o homem moderno, no seu afã de onipotência, foi contaminado pelo "complexo deus". Não pode pretender mais ser "deus". Ao contrário, são tantos os problemas que ele mesmo criou, que não consegue dar conta deles. Muito menos consegue controlar, com toda a sua ciência e técnica, um vírus ou alguma bactéria que pode destruí-lo. Tal fato atingiu gravemente o patriarcalismo e o machismo, baseados na crença do poder do homem e do macho. Já muito antes fora fortemente criticado pelo feminismo e pelo ecofeminismo, cujos argumentos agora se veem fortalecidos.

Não lhe resta outra saída senão humildemente se reconhecer criatura, colocar-se no meio e junto delas com a missão de "guardar e cuidar" do Jardim do Éden; vale dizer, da Terra. Ele a transformou num matadouro. Agora deve torná-la fecunda, verde, cheia de todas as formas de vida como era outrora, a ponto de ser chamada de Jardim do Éden.

Ao invés de "dono e mestre da natureza", como queriam os pais fundadores do nosso atual estilo de vida (Descartes, Newton, Francis Bacon e outros), já há três séculos, deve simplesmente se sentir irmão e irmã de todos; primeiro entre os coiguais humanos e também dos demais seres da natureza. Todos temos a mesma origem no ato criador de Deus, todos viemos do húmus (de onde deriva a palavra homem) e cientificamente sabemos que, como os demais seres vivos, até as minhocas, possuímos o mesmo código genético: os vinte aminoácidos e as quatro bases nitrogenadas.

Diz que esta foi a grande experiência de Francisco de Assis e também de Francisco de Roma, do grande escritor russo Leon Tolstói, de Mahatma Gandhi, de Dalai Lama e de Chico Mendes, entre outros. A consequência foi uma profunda reconciliação com todos os seres, a vivência concreta da *justa medida* e uma imensa alegria de viver na mesma Casa Comum, a Mãe Terra, nutridora de toda a comunidade de vida, de todos e de todas como irmãos e irmãs.

Ao fazermos a travessia do "dono" (*dominus*) para o "irmão e irmã" (*frater*), abriu-se a possibilidade de uma relação amigável para com a natureza. Este é o sonho proposto pelo Papa Francisco em sua Encíclica *Fratelli Tutti* (2020): uma fraternidade sem fronteiras e um amor universal entre todos. O mote que se criou entre nós é: "A alma não tem fronteira, nenhuma vida é estrangeira porque todos são filhos e filhas da Terra inteira".

Esse complexo de questões subjaz à atual crise. Para sair dela precisamos nos confraternizar com todos os seres, encontrar *a medida justa* da relação para com eles, extrair aquele tanto para as nossas demandas, de *forma moderada*, *e não devastadora,* mantendo o equilíbrio ecológico. Importa reencantar o mundo e restabelecer a Matriz Relacional em erosão. É ela que mantém a teia da vida e sustenta as relações que incluem todos, para que, de fato, surjamos como a grande família terrenal; os humanos junto com os demais seres da natureza.

3.2 Somos todos interconectados

Somos desafiados a procurar o nosso lugar no seio do processo de evolução e a nossa missão na Terra, tida como Gaia, viva e doadora de vida, nossa grande e generosa Mãe. Somos uma floração do universo em evolução/complexificação/autocriação, que já existe há 13,7 bilhões de anos.

Dito de uma forma mais radical, seguindo grandes nomes da cosmologia e bioantropologia: somos a própria Terra que, num momento avançado de sua complexidade, começou a sentir, a pensar, a amar, a cuidar e a venerar. Foi então que irrompemos como homem e mulher.

Os grandes cientistas que estudam o universo e a vida em sua imensa diversidade nos transmitiram uma nova visão das coisas. Eles nos têm mostrado a realidade, sempre interconectada e cooperativa, da qual fazemos parte. Encontramo-nos inseridos dentro de um incomensurável todo.

Essa consciência constituirá o alicerce seguro de uma sociedade mundial confraternizada, amiga de toda vida e cheia de veneração e de unção diante da *grandeur* e da beleza do universo e da Terra, sabendo estabelecer relações justas e inclusivas com todos os seres.

Ideias mestras como interdependência, mutualidade, reciprocidade, complementaridade, corresponsabilidade, sustentabilidade, comunidade terrenal e cósmica são chaves de leitura e nos oferecem uma nova visão mais harmoniosa da vida, da natureza; enfim, de tudo o que nos cerca.

Infelizmente não é nessa direção que está caminhando a humanidade. Mas ela, aprendendo a lição da covid-19, deverá orientar-se por esta senda salvadora, caso queira continuar sua trajetória sobre este planeta.

O fato é que ainda nos encontramos na fase mais perigosa, a do *antropoceno*, a era da destruição sistemática de vidas. Com tecnologias ultramodernas, extorquimos da Terra tudo o que podemos de seus limitados recursos, muitos deles escassos e não renováveis. Atingimos a assim chamada *Sobrecarga da Terra* (*The Earth Overshoot*). Quer dizer, a exploração sem qualquer *senso de medida*, extremamente intensiva dos bens e serviços naturais fez com que a Terra entrasse no "cheque especial". Todas as luzes vermelhas se acenderam.

Para mantermos o nível atual de consumo necessitamos mais de um Planeta Terra e meio (1,7), o que demonstra uma suprema falta de *justa medida*. Com essa incontida voracidade atingimos os limites planetários. A dispensa da Terra, sem ter tempo de repor os recursos limitados, ficou quase vazia. Nestas circunstâncias, a nossa vida e a vida das diferentes espécies estão ameaçadas; muitas até de desaparecerem definitivamente.

3.3 As consequências perversas da guerra contra a Terra

A primeira consequência se nota na porção humana da Terra: 8 pessoas possuem individualmente mais riqueza do que 3,6 bilhões de habitantes; metade da humanidade. 6 biliardários brasileiros, segundo notórios economistas, detêm mais riqueza do que 100 milhões de pessoas. Essa riqueza acumulada, se redistribuída entre os habitantes da Terra, poderia lhes garantir uma vida com dignidade.

Vejamos outro exemplo bizarro, tirado de décadas passadas, quando ainda se falava em países do *Terceiro Mundo* (hoje se prefere *países em desenvolvimento*, sem mudar a natureza da realidade). Em 1970, esses países, então em número de 60, deviam ao Banco Mundial, ao FMI e a outras agências financeiras internacionais 25 bilhões de dólares. Passados trinta anos, estes mesmos países deviam 550 bilhões de dólares em decorrência de juros escorchantes a que eram submetidos.

Aqui se demonstra *ganância* capitalista, cruel e absolutamente longe de qualquer *justa medida humanitária*. Esse sistema é realmente de morte, pois prefere sacrificar milhões no altar do deus Mamon do que salvar seus coiguais, irmãos e irmãs, da extrema necessidade e até da morte. Esse tipo de relação desproporcional continua até os dias de hoje em níveis ainda mais altos.

Passemos para a natureza. Consideremos alguns dados oficiais: até o presente foram eliminados definitivamente de

15 a 20% de todas as espécies de seres vivo. Eles desapareceram depois de milhões de anos de existência sobre o Planeta Terra.

No caso do Brasil, já foram desmatados 17% de toda a floresta amazônica. Como é um bioma extremamente frágil, sustentado não pelo solo, mas pelo entrelaçamento das raízes, quando uma árvore é abatida produz-se um efeito sistêmico, fazendo com que outras fiquem abaladas. Com o tempo, o sistema todo poderá colapsar e se transformar numa imensa savana. 93% da Mata Atlântica, 50% do Cerrado e outros 50% da Caatinga foram abatidos.

Se o processo de desmatamento – só no ano 2021 foram 3 mil km² na parte amazônica – não for sustado desaparecerão os *rios voadores* – umidade produzida pelas copas das árvores, sendo que cada árvore produz de 800 a 1.000 litros diários e que os ventos levam para o Centro-oeste, Sudeste e Sul do país, alcançando o norte da Argentina e o Uruguai. São eles que garantem as chuvas e alimentam o nível freático dos rios. Abatida a floresta, seu solo rapidamente se mostrará impróprio para a agricultura e para a pecuária. Em pouco tempo se tornará arenoso e infértil.

Grandes estragos também são feitos pelos garimpeiros, cerca de 300 a 350 mil, a serviço de grandes empresas ilegais, poluindo os rios com mercúrio e outros elementos químicos. Não menor é o dano causado pelos madeireiros, que devastam imensas áreas, chegando a provocar fenomenais queimadas que consomem milhares de hectares de florestas virgens.

A atual extinção de espécies, devido à falta de cuidado e de exagerada cobiça humana, *é de dez mil* vezes maior do que aquela que naturalmente ocorria antes do aparecimento do ser humano. Dá-nos a irreprimível impressão de que surgimos no processo da evolução para acelerar o fim de todas as coisas, que um dia certamente ocorrerá. Proporcionalmente, o nosso processo de *destruição* é mil vezes maior do que as conhecidas catástrofes geológicas, ocorridas há milhões de anos.

A humanidade conhecia em sua história cerca de 3 *mil* espécies de plantas comestíveis. Atualmente, apenas de 15 a 20 espécies de plantas alimentícias são universalmente cultivadas para atender às necessidades humanas.

Por aí vemos a funesta destruição feita pelos seres humanos em sua **voracidade sem limites**, acrescida ainda – é bom lembrar – pela crescente superpopulação humana que naturalmente necessita de suprimentos necessários à vida.

3.4 A falta da justa medida: o DNA do capital

Demos um exemplo de nossa falta de medida: *a nossa geração queimou mais recursos energéticos (fóssil, carvão, florestas etc.) do que o conjunto de todas as gerações que nos precederam*. Este comportamento *desmedido*, verdadeiro DNA do sistema do capital, encontra-se longe de qualquer *automoderação e justa medida*. Por isso, ele nos conduziu ao atual impasse.

Lamentavelmente, os seres humanos continuaram e continuam, especialmente aqueles habituados a um consumo suntuoso, a extorquir a Terra, forçando-a a dar o que praticamente não tem mais.

Ela, como todo ser vivo, começou a reagir, respondendo com mais aquecimento global, com o desaparecimento de milhares de espécies, com grandes secas de um lado e imensas nevascas e inundações de outro, com furações muitíssimo violentos, com terremotos e tsunamis, com uma gama de vírus como coronavírus, zica, chikungunya, ebola, entre outros eventos extremos. É uma guerra de agressão devastadora contra Gaia, a Mãe Terra.

Os cientistas cunharam um termo para este processo perverso de destruição: o já referido *antropoceno*. Trata-se de uma nova era geológica na qual a grande ameaça à vida reside no próprio ser humano. Ele se fez o exterminador da Terra ao invés de ser seu anjo bom e protetor. Transformou o Jardim do Éden num matadouro, tal foi e está sendo a *virulência* de seu ataque devastador.

Dada esta *desmedida* capacidade de destruição, fala-se também da era do *necroceno*; vale dizer, da morte em massa de seres vivos, inclusive de seres humanos. Não há limite natural ou legal que não tenha sido rompido e violado. Vive-se um extremo *excesso de pilhagem*, de acumulação absurda nas mãos de um pequeno grupo, de consumo suntuoso e de poder de destruição que não conhece pausa nem de dia e nem de noite.

Mas essa guerra contra a natureza e a Terra nós, seres humanos, não temos qualquer chance de ganhá-la. A Terra é infinitamente mais poderosa e pode nos eliminar. Ela não precisa de nós; nós, sim, precisamos dela. A Terra nos galardoa abundantemente tudo do que precisamos para viver.

Ao invés de agradecê-la e de cuidar dela, nós a atacamos com golpes mortais. Fizemo-nos arqui-inimigos da Terra, crucificando-a. Assim, chegamos aos tempos atuais com as graves ameaças que pesam sobre o nosso destino.

Mas insistimos, a destruição não pode significar a aniquilação do sonho descrito acima. A destruição só pode ser *deste tipo de mundo* que não deve continuar, não simplesmente é a *destruição* do mundo. Este mundo pervertido demanda uma nova arquitetura de construção da Casa Comum, mais sustentável e vital.

A nossa Casa, devastada e corroída, apresenta-se, para a grande maioria de seus habitantes, não mais confortável. Deverá forçosamente dar lugar a outra, esta assim nova ou renovada e aprazível para toda a comunidade de vida à qual nós humanos também pertencemos. Mas isso só será possível se incorporamos coletivamente uma *ética do cuidado, da contenção, da justa medida e do respeito aos limites e do alcance da natureza*. Caso contrário, virão outras severas lições como aquela de 2019, com a intrusão do coronavírus.

4
Etapas da guerra contra Gaia: da interação à destruição

Consideremos, sem entrar em detalhes, num voo de pássaro, as várias etapas da relação que a humanidade enteve com a natureza. O processo foi longo e sempre crescente, da *interação* até alcançar o perigoso ponto da *destruição*. Inauguramos uma nova era geológica, o *antropoceno*. Sua característica singular é exatamente a ausência da *justa medida* e a exacerbada *voracidade* sobre os bens e serviços naturais.

Todas estas etapas põem à mostra a nossa dimensão sapiente/demente e o desejo *excessivo de acumulação* e da *falta da justa medida*, praticamente em todos os campos. Identificamos sumariamente quatro tipos de relações para com a natureza ao longo da história: de *interação*, de *intervenção*, de *agressão* e de *destruição*.

4.1 A interação com a natureza

Nossos ancestrais, que se perderam na penumbra dos tempos imemoriais, tinham uma relação harmoniosa com a natureza. Entretinham uma **interação** não destrutiva: tomavam o que a natureza fartamente lhes oferecia. Bastava estender a mão e pegar uma fruta ou arrancar uma raiz para se alimentar.

Esse tempo durou alguns milênios, começando na África, onde surgiu o ser humano. Por isso, somos todos, de alguma forma, africanos. Lá se formaram nossas estruturas corporais, psíquicas, intelectuais e espirituais que se fazem presentes e atuantes em todos os humanos.

4.2 A intervenção na natureza

Há mais de dois milhões de anos irrompeu, no processo da antrogênese (a gênese do ser humano na evolução) *o homem hábil* (*homo habilis*). Nesse período ocorreu uma primeira virada, dando-se início àquilo que culminou de forma extrema nos nossos dias.

O *homem hábil* inventou instrumentos com os quais *intervinha* na natureza: um pau pontiagudo, uma pedra afiada e outros recursos semelhantes. Não bastava o que a natureza lhe oferecia espontaneamente. Com a *intervenção* ele podia ferir e matar um animal com a ponta aguçada de um pau ou cortar árvores com instrumentos afiados de pedra.

Essa *intervenção* durou milênios, mas se desenvolveu muito mais intensamente com a introdução da agricultura e da irrigação. Isso ocorreu há 10-12 mil anos (diferentemente em várias regiões), na era chamada de *neolítico*.

Desviavam-se águas dos rios para irrigação, como o Tigre e o Eufrates no Oriente Médio, o Nilo no Egito, o Indo e o Ganges na Índia, e o Amarelo na China. Melhoravam colheitas, criavam animais e aves para serem abatidos, especialmente galinhas, bois, vacas e ovelhas.

Nesse tempo os humanos deixaram de ser nômades e se fizeram sedentários. Criaram vilas e cidades, geralmente junto aos rios mencionados acima ou ao redor do imenso lago interno, o Amazonas, que há milhares de anos desaguava no Pacífico.

4.3 A agressão à natureza

Da *intervenção* passou-se à *agressão* da natureza. Ocorreu quando se usaram instrumentos de metal, lanças, machados e armas para matar animais e pessoas. A agressão foi se especializando até culminar na era industrial do século XVII na Europa, começando na Inglaterra. Surgiram as fábricas com a produção em massa. Forjaram-se todo tipo de instrumentos técnicos que permitiam extrair enormes riquezas da natureza.

Passo decisivo na agressão foi dado nos tempos modernos, quando surgiram as ciências experimentais e se colocaram as bases de nossa cultura tecno-científica contemporânea.

Partia-se da premissa de que o ser humano é "senhor e dono" da natureza, não se sentindo mais como hóspede, parte dela e seu responsável, como até então. A ideia-força era a *vontade de poder*, mas o poder entendido como a *capacidade de dominar tudo*: outras pessoas, classes sociais, povos, continentes, a natureza, a matéria, a vida e a própria Terra como um todo.

O inglês Francis Bacon, do século XVIII, tido como o fundador do método científico moderno, chegou a escrever: "Deve-se torturar a natureza como o torturador tortura a sua vítima, até ela entregar todos os seus segredos". Aqui a agressão ganha estatuto oficial. Foi e continua sendo aplicada até os dias atuais.

O sentido da vida consistiria em explorar mais e mais os recursos naturais, pressupondo (falsamente) serem ilimitados. Isso permitia forjar um projeto de desenvolvimento e de enriquecimento também ilimitado.

Em função dessa verdadeira e excessiva fome de benefícios e riquezas, foram criadas as múltiplas ciências. São elas que descobriram as leis da natureza e seus ritmos. Mas não pararam aí, numa atitude cheia de admiração, próprio da descoberta científica. Os conhecimentos científicos logo foram transformados em técnicas; quer dizer, em operações práticas de extração de bens naturais, cada vez mais aperfeiçoadas, para realizar o propósito que haviam se proposto: explorar, sem respeitar os limites, tudo o que poderia significar benefícios e riqueza para os seres humanos. Eis o grande projeto da tecnociência moderna.

4.4 A destruição da natureza

Nos últimos decênios – de modo especial depois da Segunda Guerra Mundial (1939-1945) – a sistemática agressão ganhou dimensões de verdadeira *destruição* de ecossistemas, da biodiversidade, dos bens e serviços escassos da natureza, até da Mãe Terra agredida em todas as suas frentes.

O ser humano emerge como a maior ameaça à natureza e ao equilíbrio da Terra, particularmente de seus climas. Chegou-se ao ponto de nosso processo industrialista e o estilo consumista de vida dizimar anualmente cerca de 100 mil organismos vivos. Mais de um milhão deles estão sob grave ameaça de desaparecimento.

A partir desta verdadeira tragédia biológica começou-se a perceber a erosão da biodiversidade, fundamental para a produção de alimentos. Aumentaram-se os eventos extremos, cresceu o aquecimento global e o degelo das calotas polares ganhou dimensões gigantescas, fazendo crescer o nível das águas do mar. Esse processo altamente destrutivo nos remete a algo fundamental que cabe aprofundar.

4.5 A erosão da Matriz Relacional

Esse assalto agressivo à natureza modificou a face da Terra. A sua base físico-química-ecológica foi afetada. Ela está perdendo seu equilíbrio a olhos vistos.

Perdeu-se a perspectiva do todo; ficou-se somente com a parte; ocorreu uma verdadeira fragmentação e atomização da realidade e dos respectivos saberes: *sabe-se cada vez mais sobre cada vez menos*. Tal fato possui suas vantagens, mas também seus limites. As vantagens, especialmente na medicina, que conseguiu identificar os vários tipos de enfermidades e como tratá-las. Mas importa recordar que a realidade não é fragmentada. Por isso, os saberes sobre ela também não podem ser fragmentados.

Dito figurativamente: a atenção se concentrou nas árvores, consideradas em si mesmas, perdendo-se a visão global da floresta. Pior ainda, deixou-se de considerar as relações de *interdependência* que todas as coisas guardam entre si. Elas não estão jogadas a esmo, uma ao lado da outra, sem as necessárias conexões que lhes permitem viver solidariamente, autoajudarem-se e, juntas, coevoluírem.

Vejamos as árvores: elas possuem sua própria linguagem, diversa da nossa, fundada na emissão de sons. Elas falam mediante odores que emitem e a produção de toxinas que enviam para as suas vizinhas. Entre as iguais estabelecem relações de reciprocidade e colaboração. Com outras diversas, não raro, fazem verdadeiras batalhas químicas, no afã de cada uma ter mais acesso à luz do sol ou a nutrientes do solo. Mas sempre é feito sem excesso, numa *medida justa*, de tal forma que o conjunto das árvores forma uma rica e diversificada floresta.

No caso humano, perdemos este *equilíbrio* e esta *justa medida*: erodiu-se aquela corrente que relaciona todos com todos, chamada de Matriz Relacional. Desconsiderou-se a vastíssima rede de relações e de interconexões que envolvem o próprio universo e todos os seres existentes. Nada existe fora da relação; tudo está relacionado com tudo em todas as circunstâncias. Esta é a realidade de todas as coisas existentes, no universo e na Terra, até nas ervas silvestres e daninhas, na nossa Lua e nas galáxias mais distantes. Elas têm seu lugar e sua função no todo.

Numa elegante formulação, o Papa Francisco, em sua encíclica *Laudato Si': como cuidar da Casa Comum* (2015), afirma:

> Tudo está relacionado, e todos nós, seres humanos, caminhamos juntos, como irmãos e irmãs, numa peregrinação maravilhosa que nos une, com terna afeição, ao Irmão Sol, à Irmã Lua, ao Irmão Rio e à Irmã e Mãe Terra [...] o Sol e Lua, o cedro e a florzinha, a águia e o pardal só coexistem na dependência uma das outras para se completarem mutuamente no serviço uma das outras (n. 92, 86).

Se realmente todos estamos entrelaçados, então devemos concluir que o modo de produção capitalista, individualista, visando o maior lucro possível à custa da quebra dos ritmos da natureza em função das riquezas naturais sequer se dá conta das relações existentes entre todas as coisas. Por isso, sem escrúpulos, polui o ar, contamina as águas e envenena os solos com pesticidas. Agindo desta forma, tal sistema está na contramão da lógica da natureza e do próprio universo, que ligam e religam tudo com tudo, constituindo o esplendoroso grande todo.

A Terra nos criou um lugar amigável para viver, mas nós não estamos nos mostrando amigáveis para com ela. Ao contrário, nós a agredimos sem parar, a ponto de ela não aguentar mais e começar a reagir, numa espécie de contra-ataque. Este é o significado maior da intrusão de toda uma gama dos vírus já citados, especialmente a covid-19. De cuidadores da natureza nos fizemos em seu satã ameaçador.

Até o advento da Modernidade no século XVII, a humanidade se entendia normalmente com parte da Mãe Terra e de um cosmos vivente e cheio de propósito. Percebia-se ligada ao Todo. Agora a Mãe Terra foi transformada num armazém de recursos e num baú cheio de bens naturais a serem explorados. Nessa compreensão que acabou por se impor, as coisas e os seres humanos estão desconectados entre si, cada qual seguindo um curso individual.

A ausência do sentimento de pertença a um todo maior, o descaso das teias de relações que ligam todos os seres, tornou-nos desenraizados e mergulhados numa profunda solidão. Somos possuídos por um sentimento de que estamos a sós no universo e perdidos, coisa que uma visão integradora do mundo, que existia anteriormente, impedia.

Hoje nos damos conta de que devemos estabelecer um laço de afetividade para com a natureza e para com os seus diversos seres vivos ou inertes (árvores, animais, montanhas, lagos e rios). Se não colocarmos coração em nossa relação – daí a cordialidade – dificilmente salvaremos a diversidade da vida e a própria vitalidade da Mãe Terra.

Por que fizemos esta inversão de rumo? Não há uma única causa, mas um complexo delas. Porém, a mais importante e danosa foi ter abandonado a assim chamada Matriz Relacional; vale dizer, a percepção da teia de relações que envolve todos os seres. Ela nos conferia a sensação de sermos parte de um todo maior, de que estávamos inseridos na natureza como parte dela, e não simplesmente como seus usuários e com interesses meramente utilitaristas. Perdemos a capacidade de admiração pela grandeza da criação, de reverência face ao céu estrelado e de respeito a todo tipo de vida.

4.6 O pretenso "pequeno deus" na Terra

Junto com a perda da Matriz Relacional devemos apontar a *autoconfiança excessiva* no poder que o ser humano conferia a si mesmo. Sentiu-se um "pequeno deus" na Terra, com capacidade de construir e destruir, de moldar como quisesse a natureza.

Já a Bíblia, logo no início, quando se refere à criação de Adão e Eva, conhecia esta tentação colocada nas palavras da serpente: "ao comerdes do fruto da árvore proibida vossos olhos se abrirão e sereis *como deuses* que conhecem o bem e mal" (Gn 3,5).

Conhecer o "bem e o mal" é uma expressão bíblica para dizer: "tereis acesso a todo o conhecimento". Eis a grande tentação: ser como Deus. De fato, Deus mesmo comenta, após Eva ter experimentado do fruto da árvore proibida e induzido Adão a também experimentá-lo: "Eis que o ser humano se tornou como *um de nós*, capaz de conhecer o bem e o mal" (Gn 3,22). Quer dizer, ele terá acesso ilimitado ao conhecimento. Este fará com ele complete a criação, reparta a abundância dos frutos do Éden entre todos ou a privatize, dilapidando-a a ponto de destruí-la?

Logicamente, o "sereis como deuses" é uma metáfora para expressar esta verdade: a grande tentação humana consistiu e ainda consiste em, mediante o saber e o poder, querer se colocar acima dos demais seres e submetê-los a seu serviço. Desta forma teria a sensação de elevar-se à altura do Criador.

Entretanto, esqueceu que é criatura. Toda criatura sempre depende daquele que a criou. Por mais poder que possa deter, ninguém cria a si mesmo. É posto na existência por Alguém maior, dentro do processo cosmogênico, pelo Criador. O ser humano terá poder, mas sempre limitado.

O pré-socrático Protágoras (484-414 a.C.) já afirmava: "o ser humano é a medida de todas as coisas". É menos do que se considerar um pequeno "deus sobre a Terra". Mas na medida em que ele se estabelece com "a medida de todas as coisas", ocupa o espaço da divindade.

No entanto, cabe observar que nele há um permanente desejo de poder e mais poder, dando-se conta de que não pode garantir o poder senão buscando ainda mais poder. Mas esse desejo constitui uma ilusão: querendo poder tudo, de forma ilimitada – como nos tempos atuais – ele é levado a destruir toda a vida, e inclusive se autodestruir.

Daí que todo poder deve ser sempre controlado, orientado por valores éticos de serviço. O poder é ético quando reforça o poder dos outros, reparte-o e não acumula mais e mais poder para si. Esta tendência, dominante em nossa cultura, tem produzido violência, conflitos e guerras de grande devastação.

Segunda parte

No atual contexto é possível uma cultura da justa medida?

5

Dois pressupostos: a interdependência e a corresponsabilidade

No atual contexto do mundo, com a generalização em todos os países do modo de produção capitalista, devastador da natureza e produtor de perversas desigualdades em nível planetário e com a ascensão de regimes autoritários ou de democracias de baixa intensidade, faz sentido propor *a justa medida, a moderação e o autocontrole* como *corretivos e mesmo alternativas sistêmicas ao* status quo *dominante*.

5.1 Graves interrogações

O fato é que não vislumbramos alternativas imediatamente viáveis. A história chegou a um ponto que nos colocou esta alternativa: ou mudamos ou vamos ao encontro das trevas.

Anima-nos o fato de que o instinto de sobrevivência, face a um perigo terminal, sempre tem prevalecido na história. Ele seguramente nos forçará a buscar a *justa medida* e a desenvolver mecanismos de *autocontenção*, caso queiramos sobreviver.

Lentamente, sem a velocidade necessária, cresce a consciência de que estamos indo ao encontro de situações socioecológicas dramáticas. Sinais são dados a todo momento, e em nível internacional.

Como são dados antissistêmicos, que obrigam a mudar o rumo da produção, do consumo e assumir novos hábitos, muitos, especialmente os grandes empresários, até inteiros governos e pessoas do povo se revelam negacionistas. Mas os fatos se impõem com suas consequências perversas, com altos custos para vidas humanas e bens materiais. Basta ver as grandes enchentes e estiagens, as imensas queimadas florestais na Austrália, na Califórnia, na Amazônia, no Pantanal e os frequentes tufões, entre outros eventos extremos. São dados da natureza, mas grandemente agravados pelos distúrbios climáticos em nível planetário.

Caso decidirmos permanecer sobre o Planeta Terra, temos que apender a nos autolimitar, a renunciar às pretensões de sermos "um pequeno deus" neste mundo e incorporar em todas as atividades e comportamentos a *justa medida*, a *autocontenção* e o *cuidado*.

Dois *excessos*, duas formas de falta de *justa medida*, podem pôr em risco nossa sobrevivência como espécie: em primeiro lugar, o *excesso* de violência contra a natureza, provocando níveis de aquecimento global que podem tornar a Terra inabitável; e em segundo lugar, o *excesso* do uso da máquina de morte já montada com todo tipo de armas de destruição em massa, capazes de destruir a vida por várias formas diferentes.

Esta situação dramática pode se transformar numa tragédia coletiva, provocada não por algum meteoro rasante de grandes proporções, mas pela forma irresponsável de como habitamos a Casa Comum, a ponto de tirar-lhe a sustentabilidade e sua biocapacidade. Por isso, é pertinente a severa afirmação do secretário-geral da ONU, António Guterres, num encontro em Berlim em julho de 2022 sobre mudanças climáticas: "Nós temos uma escolha: a ação coletiva ou o suicídio coletivo. Está em nossas mãos".

Dois pressupostos devem ser seriamente considerados, se quisermos evitar a tragédia ou diminuir seus efeitos danosos: a vivência coerente da *interdependência global* e o sentido da *responsabilidade universal*.

5.2 A interdependência global

Já refletimos à saciedade acerca do princípio cosmogênico e universal da interdependência de todos com todos em função da sobrevivência e coevolução de todos. No nosso caso, queremos considerar a interdependência planetária que vem sob o nome de planetização, conhecida preferentemente como globalização.

Convém assinalar que a globalização é mais do que um evento econômico. Representa uma nova fase da Terra e da humanidade, fase em que os humanos lentamente se dão conta de que saíram de seus países e de suas culturas regionais e estão se encontrando num único lugar. Este lugar é o Planeta Terra entendido como Casa Comum. Não haverá um destino separado, um para a humanidade e outro para a Terra, mas um destino comum.

Um dos efeitos benéficos que a covid-19 trouxe foi mostrar o caráter obsoleto dos soberanismos e nacionalismos ainda predominantes. O vírus não respeitou os limites entre as nações, atacando a todos, indistintamente. Vale lembrar as palavras emocionadas de um dos astronautas, vendo o Planeta Terra da lua: "Daqui de cima não são perceptíveis as barreiras da cor da pele, da religião e da política que lá embaixo dividem o mundo". Tudo é unificado no único Planeta Terra. Comentava outro astronauta: "No primeiro e no segundo dia, nós apontávamos para o nosso país, no terceiro e quarto para o nosso continente; depois do quinto dia tínhamos consciência apenas da Terra como um todo".

Estes testemunhos nos convencem de que Terra e humanidade formam de fato um todo indivisível. Exatamente isso foi dito por Isaac Asimov, um escritor russo conhecido por difundir conhecimentos científicos, num artigo no *The New York Times* de 9 de outubro de 1982, por ocasião dos 25 anos de lançamento do Satélite Sputnick, o primeiro a dar a volta na Terra. O título era: "O legado do Sptutnik: o globalismo". Disse Asimov: "impõe-se às nossas mentes relutantes a visão de que Terra e humanidade formam *uma única entidade*".

Efetivamente, aos poucos os povos se deram conta de que todos somos interdependentes uns dos outros. Tal fato foi inelutavelmente mostrado pela intrusão do coronavírus. Todos se descobriram interdependentes, um precisando do outro e trocando mutuamente conhecimentos científicos. Os países não produtores de ciência, de vacinas e dos demais insumos sentiram ainda mais a urgência de relações includentes. A necessidade fez surgir uma solidariedade indispensável para que todos pudessem se proteger e, juntos, atacarem o inimigo invisível.

Irrompeu fortemente a percepção já firmada há mais de 50 anos pela nova cosmologia (visão do mundo) de que todos somos globalmente interdependentes, interconectados e enredados em intrincadas teias de relações includentes. Elas independem dos limites nacionais, e assim se relativizava o conceito de soberania que se impôs há séculos.

Com a presença da covid-19 e suas variantes, além da varíola do macaco, essa interdependência global se tornou uma realidade inegável e necessária. Todos somos interdependentes para o bem ou para o mal. Todos temos que nos proteger para não sermos contaminados e não contaminarmos.

Passamos a um novo estado de consciência que deixa para trás o antigo *limite entre as nações*, uma expressão de outra história. Agora é *tempo da Terra* como um todo e da Casa Comum. Tal emergência obrigará forjar uma governança global, pluralista para responder aos problemas globais.

As várias edições dos Fóruns Sociais Mundiais já haviam suscitado esta nova consciência de se gestar um outro mundo possível. Hoje nos convencemos de que precisamos criar um novo mundo não só possível, mas *necessário*. Dentro deste mundo necessário caberão os vários mundos culturais com seus valores, suas experiências históricas, seus saberes e suas religiões. Eles não serão invalidados, mas deverão encontrar o seu lugar dentro do único mundo necessário, sentido como a única Casa Comum. Não temos outra, mas apenas esta casa para habitar, junto com toda a comunidade de vida.

Assim emerge irrefreavelmente a nova fase da história, da consciência e da espécie humana. Para se constituir, ela precisa que todos se sintam interdependentes, de forma consciente, sem ninguém subtraindo-se dela. Ninguém poderá ser uma ilha que vive de si para si. Ela também deve respirar um ar puro, ter climas regulados e ser socorrida em alguma eventual catástrofe natural, como num tsunami ou um terremoto devastador.

A interdependência pressupõe a consciência de que todos devem dar a sua colaboração em benefício do todo. Basta um país se negar a colaborar para pôr em risco o destino comum da humanidade e da vida sobre este planeta. Estamos todos na mesma nave espacial. Ou ela nos conduz a um destino desejável ou será uma espécie de Titanic que se chocará contra um *iceberg*, produzindo um desastre mortal.

Nessa interdependência importa incluir a natureza, pois somos parte dela e sem ela não viveremos. Passado é o tempo em que podíamos dispor dela a nosso bel-prazer, explorando-a sem reconhecer os limites de sua sustentabilidade e de sua biocapacidade de reposição das riquezas naturais.

Temos, como nunca antes na história, que aprender a economizar, a buscar a *medida justa e exata* para garantir a satisfação de nossas necessidades. Em vista disso, cumpre conceder repouso aos ecossistemas para que possam se refazer e continuar a oferecer seus serviços. O consumo deverá ser mais frugal e solidário, garantindo a todos a seguridade alimentar, biológica, social e cultural.

O valor da *renúncia* deverá constar entre as grandes virtudes que urgentemente devem ser incorporadas. Não se trata de um exercício ascético, apenas de economizar para garantir uma reserva para o futuro. A renúncia é assumida como expressão de *solidariedade e de compaixão*. Não se trata apenas de dar o que nos sobra, mas compartir o que temos para garantir a todos o direito de comer e de ter uma vida minimamente assegurada.

Sem essa renúncia se impõe o eu, o *egocentrismo* e o *individualismo*, típicos de nossa cultura habituada a não cultivar *a justa medida*. Excluindo o outro, o eu se isola, sua seiva vital definha e se desumaniza por destruir os laços que o unem a todos.

Só relacionados uns com os outros e interdependentes nos faremos mais fortes e resistentes face às mudanças naturais inevitáveis, agravadas pelo aumento exponencial do aquecimento global.

Não existe sociedade sem o "nós". O individualismo e a exacerbação do eu produzem desigualdades, injustiças sociais, conflitos difíceis de serem resolvidos, realidades que caracterizam a perversidade do capitalismo e do neoliberalismo, *insensíveis à renúncia e à aceitação de uma medida justa.*

Aqui se verifica uma outra lógica, contrária àquela econômica. Na econômica, quanto mais damos, menos temos. Na economia humana, quanto mais damos, mais somos; quanto mais entregamos, mais recebemos. Tornamo-nos mais eu na linha do Ubuntu sul-africano: "eu só sou eu por meio de você"; "serei tanto mais eu quanto mais puder ser através de você".

Aqui se mostra um modelo a ser planetarizado, pois é o caminho natural da interdependência de todos com todos. Constitui também uma constante cosmológica, pois nenhum ser do universo está fora da rede de relações. E estas se regem pelo *equilíbrio dinâmico* e pela *justa medida* de todos os fatores. Se eles não tivessem ocorrido, não estaríamos aqui escrevendo sobre todas estas coisas.

5.3 A responsabilidade universal

A responsabilidade universal constitui uma derivação da interdependência global. Chegamos a um ponto em nossa história em que há somente um destino comum Terra/humanidade. Tal fato implica que todos devem se sentir responsáveis para que este destino seja alcançado.

Reponsabilidade significa dar-se conta das consequências de nossos atos e de nosso modo de viver. O imperativo categórico, na situação urgente em que vivemos, só pode ser este: *haja de tal maneira e na medida justa, que as consequências de teus atos sejam boas para ti e boas para todos os demais. Encontre aquele* equilíbrio dinâmico *que tenha como efeito a salvaguarda da vida, a preservação da vitalidade da natureza e reforce a integridade da Mãe Terra.*

Nesta questão, importa observar o que significa o *princípio de prevenção* e o *princípio de precaução.* Pelo princípio *de prevenção* temos condições de prever as consequências de nossos atos. Assim, sabemos que plantando árvores no alto da montanha vizinha nos prevenimos contra os danos possíveis dos vendavais que, em certas épocas do ano, assolam a região. Temos consciência de que tomando determinado medicamento receitado pelo médico, o princípio de precaução nos possibilita a saúde desejada, sem grandes efeitos secundários.

Diferente é o *princípio de precaução*. Nele não é permitido fazer determinadas ações ou usar medicamentos ou elementos tóxicos, cujos efeitos não podem ser previstos nem controlados. Isso ocorre especialmente na agricultura à base de pesticidas, que contaminam alimentos, cujos efeitos nocivos à saúde são imprevisíveis, ou o uso de drones para fumigação, pois produzem efeitos danosos às pessoas, aos pássaros, a outros animais e plantas, chegando a modificar geneticamente os afetados.

A responsabilidade maior recai sobre as potências militaristas que produzem armas químicas, biológicas e nucleares, cujos efeitos sobre a natureza e a sobrevivência dos seres humanos e outros seres vivos é incalculável, danificando inclusive a biosfera que sustenta a vitalidade dos seres orgânicos.

Como nunca antes, o futuro da vida humana neste planeta depende das decisões políticas de governos e do sentido de responsabilidade que assumem pelo futuro comum da espécie e de toda a comunidade de vida.

Esta responsabilidade deve ser universal e assumida por todos, pois a causa é universal e não exime ninguém. Basta um irresponsável – e há muitos nas potências militaristas – para deslanchar uma guerra nuclear que seguramente poderá significar um dano irreparável, ou mesmo a eliminação da espécie humana. Seria o 1 + 1 = 0; vale dizer, a aniquilação de ambas as potências beligerantes.

O futuro que queremos não pode ser deixado a tecnocratas em seus laboratórios, a grupos de especialistas em seus escritórios nem a políticos em seus grêmios. O destino comum deve ser discutido com toda a comunidade humana. Jamais devemos entregar o destino comum às mãos de alguns, tidos por *experts* e técnicos. Todos somos responsáveis por todo o processo que garante um horizonte de esperança para todos.

Ademais, o ser humano moderno se apropriou até da morte, e caso não alimente um sério sentido de responsabilidade e um agudo sentido de moderação, poderá acionar o princípio da autodestruição da vida sobre a Terra. Mais do que em outras circunstâncias se impõe a *autolimitação* e a renúncia a todo tipo de *arrogância* que leva uma nação a dominar outra pela força. Não basta condenar as guerras; importa buscar a paz e criar uma verdadeira cultura de paz.

Mas temos que ser realistas. A população mundial não cessa numericamente de crescer com suas necessidades de vários tipos, que devem ser atendidas. Não devemos subestimar a teimosa persistência daqueles que se habituaram ao consumo suntuoso e que não estão habituados à *renúncia* nem ao cultivo *da justa medida*. Seu egoísmo pode levar a humanidade a um impasse: se prosseguirmos pelo mesmo caminho poderemos ser conduzidos a um eventual *armagedon ecológico-social*. Ou então todos terão que aprender a renunciar e a assumir coletivamente uma ética da *justa medida*, da *autolimitação*, da *moderação* e o *caminho do meio*. Então podemos sobreviver.

A *Carta da Terra* culmina com a afirmação básica de que somente assim alcançaremos, em todos os níveis, do local ao mundial, *um modo sustentável de vida*. Observemos: não diz como repete o mantra oficial: "um desenvolvimento sustentável". O modo de produção imperante no mundo, o capitalista, mostrou-se absolutamente insustentável, por colocar em primeiro lugar um *crescimento/desenvolvimento ilimitado* impossível de ser alcançado. A Terra, se for demasiadamente exigida, para além daquilo que pode dar (*The*

Earth Overshoot), perderá seu equilíbrio. A consequência poderá ser dramaticamente desastrosa para o sistema-vida, incluindo a vida humana.

O que precisamos, por meio da *justa medida* em relação à natureza e o *equilíbrio de forças* entre todas as nações, é alcançar um *modo sustentável de vida e de convivência.*

Isto significa que o conjunto de nossas relações, seja entre os humanos e especialmente com a natureza e a Mãe Terra, deve girar ao redor dos valores e princípios ligados à *justa medida,* como a *autocontenção,* a *renúncia voluntária,* a *moderação,* o controle de todo o *excesso* e de toda *cobiça,* o *cuidado de uns para com os outros e com a natureza.* Em termos pessoais e comunitários, a superação de todo tipo de *arrogância* supremacista, racial, intelectual, religiosa e cultural.

Essa é a grande questão a ser decidida pela humanidade, com sentido de *interdependência entre todos* e de *responsabilidade universal*: se queremos continuar sobre este planeta ou então aceitar um fim imprevisível e tenebroso. No primeiro caso teremos que assumir coletivamente um modo *sustentável de vida* nos quadros da *justa medida.* No seguindo, continuaremos com o desfrute da natureza com seus limites, aceitando ir ao encontro das trevas.

A alternativa mais sensata é aquela apresentada pelas Escrituras judaico-cristãs: escolher a vida ou a morte. Tudo grita em nós em favor da escolha da vida, e da vida em sua plenitude.

6
Realizações possíveis da justa medida: pessoal e regional

As mudanças e a própria história não se fazem mecanicamente, elas sempre ocorrem dentro de condicionamentos do passado e do presente. Mas nunca eximem a atuação dos sujeitos históricos que usam sua liberdade e tomam posições. São eles, articulados entre si, formando um povo ou uma nação, que fazem a história. O mesmo vale para o resgate da *justa medida* e da lógica da *autocontenção*, tão urgentes para os tempos atuais.

A *justa medida* está presente em todas as éticas mundiais. O verdadeiro humanismo somente se dá se ele se fundar na *moderação, no caminho do meio e na justa medida*.

Por onde começar?

6.1 Comece consigo mesmo

Fundamentais são as mudanças pessoais, as assim chamadas *revoluções moleculares*, que marcam o primeiro passo para qualquer processo de transformação. Esta só será efetiva se a pessoa se dispuser a operá-la em sua própria vida. Se quero subir uma escada de 20 degraus devo começar pelo primeiro; caso contrário, nunca chegarei ao vigésimo.

Nesse quesito devemos ser concretos: o excesso de *marketing* faz com que as pessoas sejam seduzidas pelo consumo e percam a *moderação* e a *justa medida*; o excesso de *selfies* revela narcisismo, que é uma maneira de perder *a justa medida*; o tempo dedicado a viajar por pura curiosidade pelos programas da internet e outros do gênero demonstra a falta da *justa medida*. Reféns da virtualidade, negamo-nos o gosto do encontro e da amizade. Bem observou o Papa Francisco na Encíclica *Todos irmãos e irmãs* (*Fratelli Tutti*): "Os meios digitais nos privam dos gestos físicos, expressões do rosto, silêncios, linguagem corpórea e até o perfume, o tremor das mãos, o rubor, a transpiração, porque tudo isso fala e faz parte da comunicação humana" (n. 43).

Tais meios podem criar vizinhos, mas não nos faz próximos e irmãos. Aqui há um vasto campo para o *autocontrole*, que é sinônimo de *justa medida*. Alguns se viciam literalmente, empenhando grande parte do tempo aos jogos via internet e mil outras formas de entretenimento.

Constituem princípios da física quântica e da nova cosmogênese ver toda a realidade, também a matéria, como formas de energia em distintos graus de densidade e sempre em teias de relações. Consoante a esta compreensão, nada existe fora das relações; nenhum ato feito pela pessoa fica retido nela. A energia que emite circula por todas as teias, fortalecendo-as, e desta forma acelera o processo de mudanças paradigmáticas.

Disso se deriva o fato de que nenhum ato humano se reduz ao pessoal, mas sempre implica o social e o global porque estamos permanentemente conectados com eles. Vejamos algumas expressões desta dimensão da *justa medida* no âmbito pessoal.

Antes de mais nada, cada pessoa deve minimamente conhecer-se a si mesma: suas pulsões, suas energias interiores, se positivas ou negativas. Há pessoas que, por natureza, são mais impulsivas e dadas a rompantes. Há outras, por natureza, mais tranquilas e, face a situações conflitivas, não perdem a calma.

Manter a *justa medida* representa um ato sapiencial: saber quando falar e quando calar; aprender a dominar seus impulsos, pensar e repensar antes de agir. Outros conscientemente fazem um esforço significativo para se conter e renunciam a palavras duras e carregadas de ranços.

É uma conquista que demanda tempo e paciência até alguém se assenhorear de si mesmo, não perder o controle e manter o equilíbrio nas palavras e no ânimo interior. Tal comportamento expressa a conquista da *justa medida*. Revela, outrossim, maturidade e capacidade de autodomínio.

Poderíamos identificar a *justa medida* também no âmbito do exercício do poder, na condução de uma comunidade, na liderança política e mesmo nos embates de ideias.

6.2 Refazer o Contrato Natural com a Terra

Como participantes da natureza e com a capacidade de intervir nela, faz-se mister uma referência importante sobre o Contrato Natural entre a Terra e a humanidade. Esse contrato é dado, e não feito. Ao existirmos, recebemos tudo o que precisamos da Mãe Terra: o solo, o ar, as águas, toda sorte de alimentos, os climas favoráveis à vida; numa palavra, todos os componentes que permitem a vida subsistir e se reproduzir. Como em todo o contrato vigora sempre uma contrapartida: cada qual cumpre a sua parte.

Inicialmente os seres humanos viviam o Contrato Natural sem precisar pensar nele. A Mãe Terra lhes oferecia em abundância os meios de vida. Os seres humanos veneravam a Mãe Terra como uma deusa, respeitavam-na e cuidavam zelosamente de seus ritmos naturais. Isso era feito de modo exemplar sob o matriarcado, há pelo menos 2 mil anos. As mulheres sentiam especial conaturalidade com a Mãe Terra, pois ambas geravam vida.

Tempos se passaram e o homem acumulou poder, impondo sua vontade e seus propósitos. Dominou as mulheres, e junto com elas passou a submeter também a natureza. Lenta, mas de forma crescente, rompeu-se o Contrato Natural. A Matriz Relacional foi como que posta de lado, perdendo-se a sagrada relação de todos com todos. O patriarcalismo e o machismo se impuseram na sociedade e também na natureza, agora submetida com violência aos desejos dos homens. Já não era tida como Mãe generosa, mas como um baú cheio de recursos, expostos a seu bel-prazer.

A mutualidade, essencial para um contrato, foi substituída pelo submetimento da natureza e pela intervenção de seus ritmos naturais. Nos tempos atuais, a ruptura do Contrato Natural foi totalmente rompida a ponto de a Terra fazer sentir a gravidade dessa cisão. Os eventos extremos, de nevascas exorbitantes ao lado de prolongadas estiagens, terremotos, tsunamis, tufões, grandes enchentes, elevação das águas oceânicas mostram as consequências que a ruptura do Contrato Natural está provocando. Os seres humanos, consoante à natureza do contrato, não cuidam da Mãe Terra, de seus biomas, de suas florestas, de suas águas e de seus solos. Agridem-nos com extrema violência, na ânsia de se beneficiar individualmente ou corporativamente dos benefícios dos bens e serviços naturais.

O alarme climático planetário é uma das expressões do sepultamento do Contrato Natural. A perda da umidade dos solos, a erosão da biodiversidade e a frustração de safras de alimentos são outras demonstrações do rompimento do Contrato Natural.

Hoje, mais do que nunca, urge refazer o Contrato Natural. De nossa parte, ele implica sentimento de respeito, de cuidado, de sinergia e do estabelecimento de um laço afetivo com a Terra e com todos os seus elementos. Aqui emerge o valor eminente da *justa medida*, da *autocontenção* de nosso impulso de possuir mais e mais, de *respeitar* sua identidade e também seus direitos de estarem junto conosco neste planeta. Se não restabelecermos os termos justos deste Contrato Natural e não nos adaptarmos a ele, consoante às exigências do natural, em vão aplicaremos ciência e técnica para recuperar os danos já perpetrados.

O decisivo consiste em fundar um laço afetivo com a Terra, não simplesmente entendida como um planeta cheio de recursos, mas, como já foi definido solenemente pela ONU, verdadeiramente como a Mãe Terra, a *Magna Mater*, a Pacha Mama e Gaia. Só a justa medida e a sinergia entre ambos os polos nos abrirá uma janela a um futuro esperançador.

6.3 Trabalhar o território: o biorregionalismo

Uma das formas de escapar da lógica voraz do capitalismo e garantir a sustentabilidade é o trabalho no território. Ao invés de pensar no sistema dominante, começa-se a valorizar o território, a partir de onde as pessoas têm os pés.

É no território delimitado pela configuração da própria natureza, com as montanhas, as florestas, a fauna e a flora, os rios e os lagos e, especialmente, a população que aí vive.

Mais e mais, o pensamento ecológico valoriza o território, assim como tem feito o Papa Francisco, que na Encíclica *Fratelli Tutti* dedica muitos parágrafos ao território.

O pressuposto geral é de que tudo deve começar de baixo, das pessoas concretas e das comunidades locais. Na região podem ser criados modos sustentáveis de produção. Ao invés de obrigar a natureza a se adaptar aos nossos propósitos, somos nós que nos adaptamos a ela, a seus ritmos, ao seu alcance e limites. Daí surge uma economia circular agroecológica, comunitária, amigável para com o meio ambiente.

Ao trabalhar o território pode-se evitar a montagem de grandes empresas, cuja lógica intrínseca demanda mais energia, explora os bens e serviços naturais e tende a se expandir mais e mais. Ao contrário, criam-se oportunidades de o processo produtivo ser feito por empresas familiares, por cooperativas de produção, distribuição e consumo. Tudo se realiza nos limites do território, não necessitando de grandes deslocamentos, que exigem mais energia, aumentando o aquecimento global.

Regionalmente, torna-se mais fácil e menos dispendioso criar plataformas de comunicação de todos com todos, utilizando-se as mídias sociais disponíveis, WhatsApp, e-mail, Instagram, Facebook e outros. Emerge naturalmente uma democracia popular e participativa que a todos envolve. Com isso, diminuem-se as desigualdades, que são injustiças sociais. O resultado é uma sociedade de mais harmonia e paz.

Os valores culturais, as tradições, as festas, a celebração das personalidades notáveis que ficaram na memória do povo são cultivados e celebrados. A cultura é integrada no processo de desenvolvimento realmente sustentável.

Aqui pode-se realizar a proposta da *Carta da Terra*, enfatizada nas encíclicas de ecologia integral do Papa Francisco, de "um modo sustentável de vida" local, regional e nacional, com reverberação no internacional. Este *modo sustentável de vida* representa um outro nome para a concreta *justa medida* e também da *sustentabilidade* que engloba harmonicamente todos os fatores que entram na composição da realidade. Em outras palavras, o ideal andino do "bem viver e conviver", cujo valor inspirador é a harmonia, o equilíbrio, a moderação e a justa medida pode se concretizar efetivamente.

6.4 A primazia exacerbada da troca sobre o uso moderado

A relação predominante em nossa cultura com referência à natureza é utilitarista. Os bens da natureza não são vistos como valores em si mesmos, e por isso não são respeitados. Na concepção da Modernidade, a Terra e tudo o que ela contém só possuem valor na medida em que beneficiam os seres humanos. Novamente se rompeu o Contrato Natural e se perdeu a Matriz Relacional, pelos quais todos os seres se encontram enredados em infindas teias de relações, uns dependendo dos outros e cada um trazendo a sua colaboração para o processo da evolução.

Com *justa medida* e sem *exacerbada* exploração, os bens servem ao uso dos seres humanos nas suas múltiplas necessidades. Procura-se manter a biocapacidade do ecossistema e dar-lhe repouso para que possa repor os nutrientes que foram usados.

Como mencionei no segundo capítulo desta obra, há cerca de um século ocorreu uma grande transformação: de uma *economia de mercado* passamos a uma *sociedade de mercado*.

O mercado pertence à história das sociedades humanas mais desenvolvidas. Ele surgiu porque houve uma produção de excedentes. Uma vez satisfeitas as necessidades sociais (o uso), os produtos iam para o mercado para negócios (trocas).

Com o desenvolvimento do industrialismo e com a sistemática exploração de todos os bens e serviços da natureza, ocorreu uma grande transformação: a economia ocupou todos os espaços e transformou a sociedade numa sociedade de mercado. Com isso, tudo o que representasse valor monetário passou a ser negociado, até órgãos humanos.

Iniciou-se o tráfico de crianças e de adultos, submetidos a trabalhos superexplorados, e mulheres a serviço de bordéis. Começou-se a trocar tudo, até as coisas mais sagradas e religiosas, por dinheiro. Com isso, como já foi assinalado, chegou-se à máxima perversão da economia e à corrupção em níveis nunca vistos.

Não devemos esquecer que pertence à lógica do capital acumular o mais possível com qualquer coisa, desde que seja monetariamente rentável. Aqui não apenas se perdeu a *justa medida,* mas qualquer senso ético e humanitário. Atualmente vivemos nesta atmosfera envenenada pela cobiça e pela degradação das pessoas e da natureza.

6.5 A produção ao ritmo da natureza

Não obstante este grau de perversidade generalizada, está irrompendo com relativa força outra matriz de produção, seja agroecológica, industrial, de bens saudáveis e necessários para a vida. Isto está sendo levado avante por pequenos grupos, vindos de baixo, populares, de movimentos de proteção do meio ambiente, das florestas, das águas e da biodiversidade, de defesa dos direitos da natureza e da Terra.

Efetivamente, por todas as partes se formam associações familiares, pequenas cooperativas ou empresas de produção agroecológica, grupos de reflorestamento que estabelecem uma relação afetiva e racional com a natureza. Utilizam-se dos conhecimentos técnico-científicos não agressivos ao meio ambiente, melhoram suas produções numa lógica de sinergia. Os produtores entram com o conhecimento e o trabalho, e a natureza com a riqueza de seus bens e serviços.

Em vários lugares criou-se uma *democracia alimentar*. Produtores entram em contato com consumidores, recebendo destes conhecimentos científicos e técnicos não agressivos à natureza. Seguindo tais instruções, os produtores oferecem alimentos de grande qualidade e de pureza ecológica, estimulando os consumidores a hábitos de consumo sóbrio e solidário, sem desperdício e suntuosidade. Aqui se realiza socialmente a *justa medida*, pois todos, cada qual com sua singularidade, colaboram para o bem comum, da natureza e da vida humana.

Nesse quesito ocorre uma verdadeira inversão. Tradicionalmente o ser humano obrigava a natureza a se adequar a seus propósitos e desejos. Agora é o ser humano que se adequa à natureza, respeita seus tempos e momentos, conhece cientificamente quais são suas leis internas que melhor saúde lhe proporcionam e o quanto podem oferecer ao consumo humano, sempre salvaguardada a biocapacidade de cada região ou ecossistema. Essa sinergia realiza na prática a *justa medida* de ambas as partes. O resultado é a paz serena e constante do ambiente com o ser humano que o habita e do qual se sente parte, e parte responsável.

Nisso são lançadas as bases de uma biocivilização, cujo portal de entrada poderia estar escrito o mesmo que no pórtico do grande templo de Delfos na Grécia: **Nada de excesso** (*Médén agán* em grego e *Ne quid nimis* em latim).

Realização viável da justa medida na política

Por sua natureza, o ser humano vive e cresce dentro de uma teia de relações. Ele não vive, convive. Nasce numa família em que vigoram as relações primárias pai-mãe-filhos-filhas, relações de parentesco e de afeto, mesmo quando ocorrem desavenças. É nesse âmbito que se elabora o capital social (conjunto de hábitos, valores e leitura do mundo), base que sustenta o ulterior desenvolvimento das pessoas.

Depois da família comparece a sociedade, composta por todos os seres humanos, homens e mulheres, crianças, jovens, adultos e idosos. Cada um é diferente do outro, possui seu capital social, anterior à sua situação de classe, sua história pessoal e familiar, seu nível de estudo e de cultura, sua função no mundo do trabalho e outras determinações. Essa diferença não significa desigualdade. É uma forma diferente e legítima de ser humano. Não é um defeito, mas um dado da condição humana.

Pelo fato de ser essencialmente social, não haveria necessidade de um Contrato Social, pois todos se acertariam, reconhecendo-se como iguais, portadores de direitos e deveres, com capacidade de participar e de, juntos, trabalharem para o bem comum. Mas como surgem diferentes interesses e conflitos, impõe-se um Contrato Social, ao qual todos devem aderir. Desta forma todos se fazem cidadãos ativos.

7.1 A sociedade: campo de equilíbrios e de excessos

Para avaliarmos a *justa medida* na esfera política convém fazer algumas distinções necessárias.

A sociedade é o campo natural da realização da *justa medida* e também de *seu excesso*. Max Weber (1864-1920), um dos fundadores do discurso sociológico, distinguiu bem em seu clássico *A política como missão* (1918), a política como busca de poder para benefícios pessoais e a política como busca de poder para o serviço da sociedade. Já foi dito que a política como missão é a maior das virtudes, como profissão é o pior dos vícios. Mas é preciso distinguir: há Política e política.

7.2 A Política com P maiúsculo e política com p minúsculo

Política com *P maiúsculo* é toda a atividade que atende aos interesses de todos e significa a busca comum do bem comum. Assim, lutar para que haja uma educação de qualidade, para a melhoria dos salários, para um transporte decente, para a segurança pública e pelo cuidado da cidade, de sua infraestrutura sanitária, o cuidado da qualidade do ar e da água. Tudo isso é fazer Política com P maiúsculo, seja pelos cidadãos e cidadãs, pelas organizações da sociedade civil, pelas religiões e Igrejas.

Existe também a política com *p minúsculo*. São os diversos partidos. Como a palavra diz, *partido é parte*, e não o todo. Cada partido busca o poder na vila, na cidade e no país para, com o poder, realizar seu projeto social. Há uma gama variada de projetos em disputa porque cada partido tem seu próprio ponto de vista. Mas isso não deve impedir buscar o interesse geral.

Aqui, para efeito de compreensão, os partidos podem ser sumariamente classificados desta forma: há os que buscam conservar a situação existente, seja porque a consideram boa, seja porque se beneficiam dela (chamados comumente de conservadores).

Há os que procuram *melhorar* a sociedade (chamados de *progressistas*), conservando sua estrutura básica, mas introduzindo benfeitorias aqui e acolá, melhorando o transporte, abrindo mais escolas, outros postos de saúde, fazendo chegar ônibus até os bairros mais distantes, e assim por diante.

Ainda há aqueles que pretendem *transformar* a cidade, fazendo mudanças substanciais no sistema de poder, dando centralidade ao "nós", ao coletivo acima do individual ou do corporativo. Visam a participação popular, mais conselhos de saúde e de educação, mais assistência aos portadores de alguma carência psíquica. Dedicam atenção especial às favelas, incorporando-as à cidade. Socializam terrenos para construção de casas para a população mais necessitada, zelam pelo transporte, especialmente para crianças e idosos, que seja gratuito e que diminua o mais possível as desigualdades sociais. Introduzem políticas justas e progressivas de impostos, impedindo monopólios e taxando fortunas. São comumente chamados de *socialistas*.

Há, por fim, aqueles do *Centro*, que oscilam entre a conservação e a transformação, ora pendendo para um lado, ora para outro, consoante seus interesses e conveniências. Estes podem ser poderosos, costumam ser a balança da política, e assim estar sempre no poder; seja conservador, seja transformador. São qualificados normalmente como *bi*. Excepcionalmente, em razão de certas conjunturas ou vantagens, associam-se aos socialistas-transformadores.

De modo geral, nos países que um dia foram colonizados e que deixaram como herança histórica oligarquias e classes com privilégios, a democracia é de baixa intensidade, como no Brasil. Se medirmos as atuais democracias pelo respeito à Lei Maior, a Constituição, às leis, aos direitos humanos, pelo nível de participação dos movimentos sociais organizados e pelo aumento das desigualdades, elas são mais farsas do que realmente democracias. Os parlamentares representam mais os interesses dos grupos que os elegeram do que o interesse pela nação. Por isso, o país vive em permanente instabilidade e sujeito a golpes de Estado por parte dos detentores do poder e normalmente com apoio militar.

Pertence à política partidária a disputa pelo melhor projeto, debates e até conflitos, normalmente dentro das regras de civilidade presentes no Contrato Social, coisa que frequentemente são violadas. Este contrato se traduz por leis e normas a que todos se submetem. Para ser realistas, devemos reconhecer que no campo da política partidária se encontram todas as virtudes e também todos os vícios que marcam a existência contraditória humana. Há políticos por *vocação e missão*, que entendem o poder como serviço ao bem comum. Há outros que buscam o poder *por interesse*, como vantagens pessoais ou corporativas ou pelo *status* e privilégios que o poder confere. São oportunistas. Não raro, o campo político é envenenado por corrupção, pelo desvio de dinheiro público e por propina.

Por fim, há políticas de caráter *revolucionário*. Não apenas se opõem às políticas vigentes que organizam a sociedade, mas procuram um outro tipo de sociedade, com novos valores e estruturas que beneficiem todos a partir das grandes maiorias, geralmente as mais penalizadas. A Revolução Francesa é apresentada como um caso clássico de revolução: depôs o rei, depois de séculos de reinados, e instaurou a República e a Democracia, com os direitos dos cidadãos. Quase todos os países passaram por algo semelhante.

No Brasil, no entanto, nunca houve uma verdadeira revolução. Os detentores do poder, do ter, do saber sempre fizeram uma política de conciliação entre as classes poderosas, para ocuparem o Estado e seus aparatos. Nunca elaboraram um projeto de nação, mas apenas um projeto que salvaguardasse seu poder e seus benefícios, de costas para o povo. Porém, jamais se perdeu a ideia de uma refundação do país sobre bases coletivas, partindo de baixo para cima e de dentro para fora. Entretanto, nunca houve uma acumulação de poder revolucionário suficiente para impor uma outra estrutura de sociedade com mais justiça; vale dizer, com formas de organização que, por seu funcionamento, gerassem mais justiça social, menos pobreza e marginalização de grupos.

7.3 Por que a sociedade atual perdeu a justa medida?

Normalmente a democracia foi imposta no mundo, seja representativa, participativa, comunitária, social ou ecológico-social. Mas pode ocorrer também que um partido queira de forma exclusiva impor seu projeto de sociedade, assuma o poder por via eleitoral ou pela violência armada. Surgem, então, os governos fortes, as ditaduras com seus aparatos de segurança e até de repressão. Quase sempre há violência por parte dos aparatos de Estado, como prisões arbitrárias, sequestros, torturas, expulsão do país e até assassinatos.

O filósofo inglês Thomas Hobbes (1588-1679) fez uma observação acertada: "Assinalo como *tendência geral* de todos os homens um perpétuo e irrequieto desejo de **poder** e **mais poder** que cessa apenas com a morte; a razão reside no fato de que não se pode garantir o poder senão buscando *mais poder ainda*". O poder, portanto, não pode se apresentar fraco. Se for, faz alianças com outros poderes para se fortalecer.

É aqui que entra a *ambição* e a ruptura do *equilíbrio dinâmico*, fazendo com que alguns e certos grupos acumulem mais poder do que outros, e assim mais facilmente chegam ao poder central. Então eles se prevalecem desse *status* para ter vantagens e transformar as diferenças em desigualdades. Perde-se, destarte, a *justa medida* e se abre o caminho para os conflitos, as tensões e até os ódios.

O poder constitui a grande tentação do ser humano, porque dá a ele a impressão de sentir-se um "pequeno deus" que pode decidir sobre o destino dos outros. Já se disse que "todo poder corrompe" (usa meios ilícitos para se fortalecer como o suborno, a sonegação de impostos e a propina), e que "o absoluto poder corrompe absolutamente" (usa todos os meios, lícitos e ilícitos para se manter e controlar os demais poderes). Nessa constatação há muita verdade, mas perde-se totalmente o sentido da *justa medida e da moderação das forças.*

7.4 A construção da sociedade civil e dos movimentos sociais

Uma sociedade é tanto mais coesa quanto mais contar com uma sociedade civil dinâmica, crítica e participativa. São geralmente os movimentos sociais, como o dos sem-

-terra, sem-teto, de negros, de mulheres, grupos de direitos humanos, associações por saúde popular, por uma educação de qualidade, pelo lado ecológico de preservação das áreas verdes e parques, bem como do embelezamento da cidade.

Todas estas atividades se organizam à base do voluntariado, da cooperação, do trabalho comunitário. É nesse campo que surgem os valores da *justa medida*, para que ninguém seja privilegiado ou deixado para trás.

Não há democracia com alta intensidade sem uma sociedade bem organizada e participativa, que sabe *renunciar* em favor de outros mais débeis, que procura evitar *excessos* que acabam por criar desigualdades. Particularmente importantes são as associações de solidariedade de mutirões que surgem nas periferias. É o campo privilegiado do exercício da *justa medida,* no qual cada um colabora com o que pode e recebe o que mais precisa. Geralmente tais organizações e ONGs surgem ao redor de direitos negados pelo Estado, como o saneamento básico, a construção de creches e escolas, o serviço de transporte coletivo e a presença da segurança para educar e proteger contra *excessos* nas festas e encontros nos quais, não raro, ocorrem atos de violência.

Um povo somente surge como resultado da articulação entre todos os movimentos sociais e com a participação da sociedade civil organizada. Caso contrário, há uma massa humana desordenada e sujeita à ruptura de qualquer *medida justa*.

7.5 A justa medida: uma democracia sem fim e socioecológica

Com uma sociedade civil organizada com seus diversos movimentos são criadas as bases seguras para uma democracia consolidada.

É consenso entre as muitas formas de exercício do poder e de organização da sociedade que a *democracia* é a melhor de todas. A razão é que ela realiza o que o nome significa: *poder do povo*. A ideia básica é simples: "tudo aquilo que interessa a todos deve ser pensado, discutido e decidido por todos". Por sua definição, a democracia supõe a *justa medida,* pois implica a participação e a inclusão de todos.

Assim é até hoje nos pequenos cantões da Suíça, onde se pratica a *democracia direta*. Mas com o crescimento do número dos cidadãos, essa democracia *direta* se tornou impraticável. Introduziu-se então o sistema de representantes eleitos pelos cidadãos. Surgiu a democracia *representativa ou delegatícia*, predominante no mundo inteiro.

Para melhorar este tipo de democracia, principalmente proposta pelos movimentos sociais, introduziu-se a participação da sociedade civil através de seus movimentos (por terra, teto, saúde, educação, reforma agrária, direitos sociais, contra a violência às mulheres etc.), que colaboram nas decisões políticas, vigiam-nas criticamente e ajudam a implementá-las. Fala-se também da *democracia comunitária*, vivida nas comunidades agroecológicas, quilombolas e das periferias, organizadas das cidades. Nelas é possível viver com mais facilidade a *justa medida* em termos de participação igualitária de todos: homens, mulheres e pessoas de outra orientação sexual.

Projetou-se também a *democracia* como um valor universal a ser vivido na família, nas comunidades, nos sindicatos, nas escolas e principalmente nos partidos políticos. Aqui se trata de democracia como forma de participação de todos, sem excluir ninguém, como expressão de cidadania e do exercício cotidiano de participação. Fala-se, nesse sentido, de uma *democracia sem fim*; vale dizer, uma realidade aberta, sempre sujeita a aperfeiçoamento na medida em que cresce o sentido de cidadania e de responsabilidade coletiva pelo bem comum.

A consciência de nossa pertença à natureza e dos direitos dela e da Mãe Terra leva muitos a inserem os seres da natureza como novos cidadãos a serem respeitados. Principalmente já se definiram os direitos da Mãe Terra como base sustentadora de todas as formas de democracia e de organização social. Já existem em alguns países o constitucionalismo ecológico, com seus direitos introduzidos na Constituição. Por isso, vem sendo proposta uma *democracia socioecológica.*

Todos nós temos a ver com uma democracia total que inclui seres humanos e todos os demais seres que conosco participam da existência dentro da mesma Casa Comum. Tudo o que existe e vive merece existir e viver. Todos eles devem ser respeitados, pois possuem sua autonomia e seu modo de inserção no todo social.

O que seriam de nossas cidades sem as manchas verdes, sem as árvores e parques, sem os animais e sem as paisagens naturais com rios, montanhas e matas? Elas não seriam humanas. Eis uma razão a mais para inserir os seres da natureza nesse novo pacto social e ecológico, fundando a forma seguramente mais avançada de democracia. Desta forma se alcançaria verdadeiramente a *justa medida* integradora de todos os seres da natureza.

O sonho maior, entretanto, é uma democracia planetária, quando a humanidade finalmente se der conta de que é uma espécie singular junto a outras espécies, vivendo juntos na mesma Casa Comum. Todos, com suas diferenças culturais, linguísticas, artísticas e espirituais se acolherão como uma verdadeira irmandade. Isto seria uma utopia? Sim, mas uma utopia necessária quando madurar a história. Ela representa o que deve ser, e o que deve ser possui força histórica.

8

Da cultura da dominação à cultura da justa medida

A cultura é que confere alma a um povo, pois é por ela que a população expressa o melhor de si mesma: suas habilidades, sua criatividade artística na literatura, na poesia, na música, nas muitas ciências, nas religiões, no estilo de vida, na organização das cidades e principalmente na geração de pessoas notáveis – homens e mulheres que dignificam a história do lugar e até de toda a nação.

8.1 Contra a cultura do excesso, do desperdício e da autodestruição

Mas precisamos fazer algumas críticas e distinções para chegarmos *à justa medida*. Há culturas e culturas. Algumas são culturas da *dominação* sobre outros, que impõem seu estilo de vida, seus costumes, gostos e sua compreensão do mundo aos demais. Durante todo tempo da colônia e do escravagismo essa era a cultura.

Há as culturas de *resistência* face à cultura da dominação. Elas criam seus valores, suas maneiras de se subtrair ao controle dos dominadores; inventam seus modos de rejeição, formas organizadas de luta, músicas de crítica; e fortalecem movimentos de oposição. A colonização e especialmente a escravização nunca foram pacíficas. Houve resistências, revoltas, e os milhares de quilombos o comprovam. Durante os anos de chumbo da ditadura militar de 1964 produziu-se uma cultura de resistência na música, na poesia e no cinema, de grande qualidade.

Mas há também culturas de *libertação*. Já não é suficiente resistir; é preciso avançar. Geralmente se elabora um projeto social alternativo, suas táticas e estratégias de enfrentamento e de luta, não raro arriscando a própria vida. A cultura da libertação gera seus líderes, seus militantes, seus mártires, seus artistas, suas artes e valores novos na perspectiva de "libertar a liberdade cativa" e inaugurar um novo modo de viver e conviver. Nesse sentido, surgiu até mesmo um pensamento ecológico-seminal de preservação da natureza.

Entretanto, a cultura da resistência e da libertação não alcançaram até hoje força suficiente para enfrentar e vencer a cultura da dominação do capital. Quando um sistema cria a sua cultura, esta se infiltra capilarmente em todas as instâncias, consolidando sua dominação e tornando mais difícil seu combate e superação. Mas os *excessos* criados e a permanente ruptura da *justa medida* – particularmente quanto à degradação social nas periferias, submetidas à violência arbitrária da polícia – provocam críticas e indignação. Isso pode ser o estopim para revoltas e transformações.

8.2 Contra a predominância da cultura sem justa medida

Para onde quer que dirijamos o olhar notamos o mesmo fenômeno: por um lado *excesso* de bens materiais, de riqueza suntuosa e de meios de desfrute nas mãos de um punhado de gente. Por outro, *excesso* do número de pobres, aos milhões, largados pelos caminhos, jogados nas periferias das cidades e nos lugares mais inóspitos.

Sem exagero podemos afirmar que vivemos numa cultura que perdeu totalmente o sentido humanitário da *justa medida* e do *equilíbrio* entre todos os fatores que sustentam a vida social, minimamente justa e decente, na qual o ônus e o bônus da vida social são divididos equitativamente entre todos. Ao contrário, uns poucos vivem à custa dos muitos. Pior do que a crise econômica, a corrupção estrutural e a política corrompida é a *falta de sensibilidade permanente* para com seus coiguais. São vergonhosamente mantidos fora dos lugares públicos, acantonados nas periferias infectas, como se humanos não fossem. O desprezo e atos violentos que se aplicavam aos escravos agora são transferidos a este público.

As classes que são donas do dinheiro, do poder, do saber e dos meios de comunicação desperdiçam, por seu consumo suntuoso, toneladas de alimentos, que são jogados no lixo, quando podiam matar a fome de milhares, observados os critérios higiênicos.

Surge então um fenômeno contraditório: alguns são obesos por *excesso* de alimentação e outros obesos pela má qualidade dos produtos consumidos. Em ambos desaparece a *justa medida* e o sentido da *autocontenção*. Não são esbanjados apenas alimentos, mas todo tipo de bens, de roupas, de móveis, de máquinas e de tempo.

Essas classes conhecem os três famosos erres: Reduzir, Reusar e Reciclar. Eu acrescentaria mais estes erres: Recusar toda propaganda sedutora; Respeitar cada ser, pois todos merecem existir e viver; Reflorestar o mais possível para minorar os gases de efeito estufa; Reforçar a quantidade de oxigênio, fornecido pelas árvores através da fotossíntese; Resgatar o equilíbrio da umidade e das chuvas, sem as quais a vida se torna impossível.

Em todos os fenômenos injustos a irracionalidade impera sobre a razão sensata e sobre os direitos do coração, sede do sentido do *justo equilíbrio*, da *busca permanente da justa medida*, do amor, da solidariedade, da empatia, da ética e da espiritualidade, dimensões que humanizam e minoram as desigualdades sociais.

Quiçá a realidade mais irracional que criamos seja o já referido e perigosíssimo princípio *da autodestruição*. As potências militaristas, na ânsia de ter *mais e mais* poder e dominar todos os outros, muniram-se de um arsenal de armas químicas, biológicas e nucleares com a capacidade de destruir várias vezes toda a vida sobre a Terra.

Eis a suprema expressão da razão enlouquecida, sem qualquer *autolimitação*, e de desprezo supremo da própria vida e da vida da natureza. A fome insaciável e *imoderada* fez com que as elites endinheiradas perdessem a razão. Tornaram-se tão dementes que se permitem tudo; tudo mesmo, até a aniquilação da vida humana e da natureza sobre a Terra.

8.3 Um banqueiro "vale" mais do que um cuidador de pobres de rua?

Sempre que uma comunidade ou uma sociedade coloca como seu eixo estruturador o poder de acumulação ilimitada de bens materiais, expressos pelo Produto Interno Bruto (PIB), introduz a divisão entre os que têm e os que não têm, perde a *justa medida* no acesso aos bens fundamentais à vida e favorece a *cobiça e a avidez*.

Aqui cabe recordar a palavra sábia do Mestre de Nazaré: "Cuidai de guardar-vos de toda cobiça; mesmo que se tenha muito, a vida não está na quantidade de haveres" (Lc 12,15). E continuava: "Alguém que havia acumulado muitos bens dizia para si mesmo: descansa, come, bebe e regala-te [...]. Insensato ainda nesta noite te tirarão a vida, e para quem ficará tudo o que acumulaste? É o que acontece com quem guarda tesouros para si e não é rico diante de Deus" (Lc 12,19-21). Este perdeu todo senso da *boa medida* e do *equilíbrio justo*.

O resultado mais direto desta cobiça que só acumula para si é mostrado nas relações de violência entre os grupos que disputam o poder, com exacerbação da luta de classes e o surgimento da criminalidade, no afã de acumular *mais e mais*, sendo os empobrecidos as principais vítimas. Por isso, não são feitas políticas sociais de inclusão e de participação cidadã, ou elas são insuficientes. Pelo fato de pouco produzirem e pouco consumirem, os desfavorecidos se tornaram desinteressantes para o sistema de acumulação. São vistos como zeros econômicos.

8.4 O Índice da Felicidade: a cultura do humano

Voltamos a enfatizar o que já referimos anteriormente: tudo o que realmente conta, nos faz humanos e nos traz felicidade não entra no cômputo do Produto Interno Bruto (PIB), porque simplesmente não possui valor monetário: o amor, a amizade, a solidariedade, a compaixão, a unção, a poesia, a música, os grandes textos literários, o encantamento do universo, o apego ao nosso torrão natal, aos nossos heróis e às figuras referenciais por humanidade, por sua ética, por sua religiosidade e e espiritualidade. Aqui se verifica uma total falta de *equilíbrio e justa medida*. Neste ponto sigo a opção do governo do Butão, que, como já mencionamos, estabeleceu o Índice de Felicidade Bruta, fundamentada principalmente sobre valores humanos, a tal ponto de a economia ser apenas um dos elementos, sequer o principal.

Um banqueiro conta mais do que um sacerdote que entrega sua vida à população em situação de rua. Uma vultosa conta bancária vale mais que o tempo empenhado em acompanhar doentes terminais para que se despeçam agradecidos deste mundo.

Torna-se motivo de escândalo quando grupos de direitos humanos e outros comprometidos com a libertação dos oprimidos, como tantos na América Latina, no Caribe e em outros continentes, fazem uma *opção preferencial* por esses excluídos e descartáveis pelo sistema vigente. E o fazem porque veem neles pessoas humanas, com dignidade e direitos, independentemente de sua situação social, se têm ou não têm conta bancária ou possuem algum bem.

Todos estes são humanos, filhos e filhas queridos e queridas da Mãe Terra, dignos de proteção e de cuidado, portadores de uma sacralidade inviolável que os faz serem filhos e filhas de Deus. Compareçam como aqueles que Jesus chamou de "meus irmãos e irmãs menores", sob os quais Ele mesmo se esconde e quer ser servido neles.

A cultura da violência, sob as formas mais *excessivas*, sem qualquer *medida justa e sensata*, foi instalada praticamente em todos os campos, especialmente no mundo midiático. Os filmes produzidos ostentam cada vez mais violência e capacidade de destruição, com meios cibernéticos aterradores.

Nesse campo não há *limites* para a crueldade. Não é de se admirar que essa violência virtual se traduza em violência real, levando jovens a assassinarem outros jovens estudantes nas escolas, ou grupos organizados ao redor do tráfico de drogas, tráfico de pessoas, de órgãos humanos e de crimes contra pessoas com outra opção sexual. O número de feminicídios é espantoso.

Não cabe detalhar mais a falta de qualquer *moderação* e busca de um *equilíbrio dinâmico* em todas as relações, na sociedade e especialmente para com a natureza.

Ou os seres humanos se reinventam como humanos, solidários, pacíficos, capazes de renunciarem ao impulso indômito do *desejo de querer mais e mais*, ou então estaremos pavimentando uma estrada sem retorno ou que nos levará a uma vala comum.

Como nunca antes na história somos responsáveis pelo nosso destino, associado ao destino da vida sobre este pequeno e radiante planeta. Vale recordar as palavras das Escrituras, nas quais o Criador nos coloca diante deste dilema: "Invoco como testemunhas o céu e a terra: proponho-vos a vida e a morte, a bênção e a maldição. Escolhei a vida, para que vivais com vossa descendência. Isso significa vida para vós e vossa permanência estável sobre a terra".

A sensatez, que equivale a possuir o senso da *justa medida* e da sobrevivência, aconselha-nos a acolher a proposta do Criador, que é optar pela vida, o dom mais excelente que o universo nos galardoou e que Ele nos confiou para guardar e cuidar. Então teremos futuro e continuaremos a brilhar e irradiar, pois para isso estamos neste universo e no Planeta Terra.

Passar da cultura do excesso à cultura da justa medida

O grande desafio que nos é colocado é este: *como passar de* uma cultura assentada sobre o *excesso* de acumulação de bens materiais, depredando a natureza e jogando milhões de seres humanos na pobreza e na miséria, para uma cultura sustentada pela *justa medida e pela moderação?* Esta última cultiva os valores humano-espirituais da autolimitação, da moderação, do caminho do meio, do equilíbrio, da cooperação, do reconhecimento e da acolhida do outro, da fraternidade sem fronteiras, do respeito à natureza e da dignidade de cada pessoa humana, e da abertura ao Infinito.

Esta passagem é urgente, dada a gravidade da situação do planeta, submetido a uma inegável emergência ecológica. Temos montado de forma mais do que suficiente a infraestrutura que garante a vida material. Se houvesse solidariedade e humanidade, ela poderia assegurar para todos os habitantes do planeta uma vida decente e digna; com os meios econômicos e técnico-científicos já construídos e consolidados poderia ser efetivamente realizada. Assim, do reino da necessidade passaríamos ao reino da liberdade, mas a cobiça e a falta *da justa medida* o impedem. Não obstante, sempre pode acontecer mudanças. A história é aberta para o futuro e nos poderá surpreender. Vejamos um exemplo.

9.1 O Rei Midas trocou ouro pelo cuidado da natureza

Há um mito antigo da cultura grega que fala da *desmedida ganância* por ouro do Rei Midas. Ele é a verdadeira expressão da lógica do capital, de querer sempre mais, sem nenhuma *medida*.

Entretanto, sempre podemos contar com o imponderável. Os destinos humanos não são fatalmente definidos uma vez por todas; eles podem mudar e criar um novo caminho de vida. Assim ocorreu com o Rei Midas.

Nos tempos imemoriais, Midas era um rei muito rico. Vivia feliz com sua filha em seu castelo nos arredores de Atenas, mas era tomado por *desmedida* ambição. Embora rico, queria aumentar *mais e mais* a sua riqueza. Seu fascínio era por ouro e mais ouro. Colecionava moedas de ouro e gastava longas horas de seu dia contando, com os olhos cúpidos, suas moedas.

Certo dia recebeu a visita do deus Baco, conhecido como o patrono das videiras e do bom vinho. Andava por aí com seu grupo, todos semiembriagados pelo excelente vinho que tomavam *sem moderação*. O motivo da visita era de agradecimento. O pai de criação de Baco bebera ainda mais;

adormecera e ficara para trás, perdendo o contato com o grupo. Os camponeses o encontraram ainda embriagado e o levaram ao Rei Midas. Embora rico, Midas era muito hospitaleiro. Acolheu o velho pai de criação de Baco e o tratou com toda a deferência.

Sabendo disso, Baco sentiu-se na obrigação de faze-lhe uma visita e dar-lhe alguma compensação. Disse ao rei: "Soube o que fizeste por meu pai adotivo e sou muito grato a ti. Sei também que aprecias muito o ouro. Podes fazer qualquer pedido que eu te atenderei".

Midas viu a ocasião de aumentar *ainda mais* sua coleção de moedas de ouro. Disse a Baco: "Se quiseres me fazer realmente um favor, peço-te que transformes em ouro tudo o que eu tocar".

"Pois teu pedido será prontamente atendido", disse Baco. "Verás que tudo o que tocares virará ouro."

Midas, contentíssimo, saiu por lá delirando com o presente tão auspicioso. Tocou numa folha de árvore, e ela virou ouro. Colheu uma pedrinha do chão e também virou ouro. Colheu um romã rosada e ela virou imediatamente ouro.

Entrando no palácio, chamou os criados e ordenou-lhes para que preparassem um grande banquete para celebrar tão grande recompensa. Trouxeram primeiro o pão. Mal Midas o havia tocado, ele virou ouro. Trouxeram-lhe uma taça de vinho, mas ao tocar seus lábios, eis que o vinho virou ouro líquido. Apresentaram-lhe, numa enorme bandeja, um faisão assado. Ao tocá-lo, ele também virou também ouro. Tudo o que lhe traziam de manjares virava ouro.

Desesperado, chamou a filha para socorrê-lo. Mas, ao tocá-la, ela também virou uma estátua de ouro. Aí deu-se conta de que poderia aumentar quanto quisesse o ouro, mas acabaria morrendo de fome.

Pediu com urgência que convocassem Baco à sua presença e disse-lhe: "Veja o que está ocorrendo comigo, Baco: tudo o que toco vira ouro".

Baco, sorrindo, disse-lhe: "Não foi isso que pediste?" De ora em diante entrarás na história com o epíteto: "O toque de Midas".

"Por favor, Baco [suplicou Midas]. Livra-me desta maldição, pois as moedas de ouro não as posso comer, e assim vou morrer de fome".

Baco, compassivo, deu-lhe uma fórmula: "Vá até o rio vizinho, tome num jarro a água do rio e aspirja essa água nos objetos transformados em ouro, e eles voltarão ao que eram antes".

Assim fez o Rei Midas, humilhado e envergonhado. Mas ao abaixar-se para recolher a água do rio, tocou nas areias, que viraram ouro. Assim, até os dias de hoje os rios escondem ouro em seu leito e, às vezes, até nos barrancos que os margeiam, o que atrai sempre os garimpeiros, ávidos por ouro.

Midas voltou com um enorme jarro cheio de água. Primeiro aspergiu a filha, que virara uma estátua de ouro, e ela voltou feliz ao seu normal. Abraçou-a e beijou-a com imenso afeto. Jogou água nas pratarias e nos copos de cristal, e todos deixaram de ser objetos de ouro. Voltaram ao que sempre foram.

9.2 A justa medida converteu o Rei Midas

O Rei Midas ficou tão humilhado com seu destino atroz e envergonhado pela sua *demasiada ambição* por ouro, que abandonou o castelo. Refletiu muito e deu-se conta de que não possuía nenhuma *moderação* nem encontrara uma *justa medida* no seu desejo de possuir ouro.

Decidiu viver no meio de uma floresta vizinha junto com as divindades protetoras da vida na floresta, as chamadas Ninfas. Em tudo cuidava *de moderar-se* e viver a virtude da *justa medida*. Cuidadosamente cultivava flores, podava as árvores frutíferas, alimentava os animais e se encantava com o trinar dos pássaros. Nunca mais pensou no ouro que *excessivamente* acumulava. *A justa medida* que colocava em tudo o que fazia lhe trazia imensa alegria e felicidade. Tudo crescia como devia. Deu-se a grande virada na vida de Midas: de uma vida direcionada a um bem material precioso, o ouro, converteu-se a uma vida de bens humanos e ecológicos. Não havia ouro que pagasse a sua felicidade em comunhão com todos os seres da natureza.

Se um dia passarem por aquelas paragens, não longe de Atenas, e entrarem no castelo semiabandonado, encontrarão moedas de ouro em todos os cantos e cobrindo todas as mesas. Mas que ninguém as toque porque as mãos e os dedos poderão também virar ouro.

A *ambição demasiada* por ouro ou o desejo *desmesurado* por posses e mais posses jamais trará felicidade. Esta é fruto da *automoderação* e do se contentar com aquilo que possui, livre da *ganância* de querer mais e mais.

Só ficará feliz não aumentando sua riqueza, mas fazendo outros felizes, ou usando de sua riqueza para beneficiar os mais necessitados ou os seus movimentos que procuram a justiça para todos e o acesso aos bens necessários para uma vida digna.

Seria possível ocorrer na humanidade a conversão realizada por Midas? Realizamos uma etapa fundamental para garantir a vida: criar toda uma infraestrutura que atenda às necessidades corporais humanas. Era o reino da necessidade.

9.3 O lento despertar da consciência entre empresários

Não há somente empresários depredadores e vorazes. Também é possível encontrar os que acompanham o curso da história, ouvem as ciências e levam a sério o alarme ecológico planetário. Dão-se conta de que todos poderão perder, não havendo portos e oásis de salvação para alguns. Os eventuais sobreviventes de um cataclismo socioecológico ou de uma guerra nuclear de $1 + 1 = 0$ – vale dizer, com a destruição de ambos os contendores – terão uma vida miserável, no limite da sobrevivência. Teriam de recomeçar tudo de novo. Albert Einstein observava com humor: depois de uma nova guerra nuclear, a próxima será feita com pedras e paus; tal seria a degradação cultural dos seres humanos, reduzidos às condições das eras primitivas.

Tais agentes sociais procuram diminuir os gases de efeito estufa, protegem ao máximo a natureza, preservam as águas e as florestas e, junto com associações da sociedade civil, colaboram na qualidade de vida de toda a região na qual estão inseridos. Não apenas atuam ao redor de suas fábricas, mas sentem-se corresponsáveis por todo o ecossistema circundante e da região onde produzem.

Esse despertar das consciências em nível coletivo é fundamental para se criar uma cultura ecológica e estabelecer relações amigáveis com o meio ambiente. Não temos muito tempo; os ponteiros do relógio correm contra nós. Mas se a humanidade, face ao risco iminente de desaparecer, dar-se conta de que a única alternativa à tumba comum é a mudança, seguramente preferirá a mudança e a sobrevivência.

Poderemos passar para uma nova etapa – a era do ecozoico, na qual o cuidado da vida em toda a sua diversidade constituirá a preocupação central da sociedade planetizada. Irromperia o reino da liberdade, na qual os seres humanos, libertados das coerções da sobrevivência material, poderiam se dedicar àquilo que somente eles podem fazer. Por exemplo, à música, à pintura, à leitura, ao ver filme, ao fotografar paisagens, a fazer passeios ecológicos, a cultivar flores, a organizar um grupo de meditação e de contemplação, a viver um ócio produtivo no gozo e na celebração da existência, sob a benevolência do Sol, que praticamente tudo nos dá.

Cremos que este é o sentido secreto buscado pelo processo histórico e pelo inteiro processo antropogênico, desde sempre ansiado pelo coração humano. Aquilo que possui sua origem no que há de mais abissal e misterioso do ser humano – o desejo de plena liberdade criadora – tende a forçar a história para que ela o realize, mesmo que tardiamente. Seria, enfim, o mundo dos libertos do afã de acumular e acumular, colocando a *moderação* e a *justa medida* em tudo o que fazem.

A consequência é a felicidade, a serenidade, a tranquilidade sem sobressaltos.

Conclusão

Uma ética e uma espiritualidade da justa medida

Constitui um dado universalmente reconhecido que a *justa medida, a moderação, o caminho do meio* e a exclusão de todo tipo de *excesso e de arrogância* ocupam um lugar central nos comportamentos éticos.

Para a ética clássica dos antigos, quatro eram as virtudes cardeais: a sabedoria, a justiça, a coragem e a *justa medida*. Vive a justa medida aquele que sabe impor limites a ele mesmo, seja em relação aos outros, seja em relação à natureza.

Toda a ética de Aristóteles, aquele que mais influenciou a ética no Ocidente, reside no justo meio entre dois extremos, entre o nem de menos e nem demais; ou seja, na *justa medida*. Assim, para ele, a coragem se situa entre um extremo que é a *covardia* e o outro que é a *audácia*. No meio está exatamente a justa medida, o caminho do meio, o nem demais e o nem de menos; é o equilíbrio dinâmico.

A deusa da justa medida, Maat, era especialmente venerada entre os egípcios. O faraó a assumira como a orientadora de seu governo, garantindo a justa medida, a ordem na sociedade e também na natureza. Foram os egípcios que projetaram a imagem da divindade, conhecida até hoje, com os olhos vedados e segurando uma balança, expressão da imparcialidade e da *justa medida*.

Os gregos veneravam especialmente a deusa Nemesis, aquela a quem cabia a missão de zelar para que em tudo se garantisse a justa medida. Ai daquele que ia além de seus próprios limites. Chamavam a isso de *hybris* (excesso de autoestima e arrogância). Isso valia também para os vencedores das olimpíadas ou do general vitorioso de uma batalha. Todos deviam guardar a *temperança*, a *justa medida*: virtude dos mortais. Caso contrário, a violação dos próprios limites atraía algum castigo das divindades.

De todos os modos, a característica principal da *justa media* reside no autocontrole, no autolimite, no equilíbrio dinâmico e na temperança. Tais atitudes não têm nada a ver com a mediocridade, que é sempre escolher o mais fácil e negar-se a enfrentar as dificuldades da vida.

Ao contrário, a justa medida, com o séquito de suas outras virtudes, confere coesão à sociedade, detendo a arte de superar ou equilibrar conflitos e, eventualmente, enfrentamentos violentos. Sempre que impera a justa medida vigora a paz entre todos e também para com a natureza.

Tais valores não são apenas e racionalmente fundados e vividos. Pelo fato de serem valores e pertencerem ao mundo das excelências, lançam suas raízes na razão sensível e emocional. Daí haurem a energia para serem assumidos e postos em prática.

É no coração, mais do que na razão, que os valores encontram seu nicho. A razão pode descrevê-los e considerar sua necessidade. Mas a energia, o *pathos*, para transformá-los em gestos e práticas concretas irrompem do coração. Nele estão as paixões e o entusiasmo para fazê-las passar da cabeça ao coração e do coração às mãos operosas. Quando se une o coração com a inteligência, tudo funciona a contento, e a ação torna-se vitoriosa.

Para alguém se orientar pela justa medida, precisa tê-la; primeiramente dentro de si mesmo. Isso era fortemente acentuado na visão egípcia. A busca da justa medida não se dá automaticamente; ela deve ser buscada com convicção, a partir de dentro, do coração, vivendo-se conforme a sua natureza.

É aqui o lugar da espiritualidade. Ela é mais do que um simples compreender, mas implica um sentir e um processo de interiorização. Mais do que mero *logos* (estrutura de compreensão), ela implica o *pathos* (o sentir profundo), uma verdadeira paixão que não necessariamente se deriva do conhecimento. Ela tem o seu órgão próprio, o coração, no qual se aninha o fogo interior, o amor, a determinação, a coragem para o engajamento, a disposição coerente de viver na *justa medida*, na autocontenção e no autodomínio que impede os excessos e procura sempre o caminho do meio, mais seguro e efetivo.

Vivemos submersos e asfixiados pelo mundo dos meios, sem definir qual é o seu destino. Não são os meios, não é a ciência e a técnica que nos oferecerão os fins que dão sentido à vida humana e garantirão um futuro desejável. Quem crê nessa ilusão estará num caminho sem retorno e tenebroso.

É pela espiritualidade que definimos os fins, aqueles que nos poderão tirar da absoluta *falta de medida* atual e de *autolimitação* desenfreada. Encostamos com a nossa desmedida voracidade nos confins da Terra. Tememos que tenhamos encostado também nos limites de nossa história nesse esplendoroso planeta.

Concluo fazendo minhas as palavras do revolucionário irlandês, James Connolly, contra a devastação que os ingleses fizeram da natureza daquele pequeno e sofrido país: "Seja moderado. Só queremos salvar a Terra".

Livros de Leonardo Boff

1 – *O Evangelho do Cristo Cósmico*. Petrópolis: Vozes, 1971. • Reeditado pela Record (Rio de Janeiro), 2008.

2 – *Jesus Cristo libertador*. Petrópolis: Vozes, 1972.

3 – *Die Kirche als Sakrament im Horizont der Welterfahrung*. Paderborn: Verlag Bonifacius-Druckerei, 1972 [Esgotado].

4 – *A nossa ressurreição na morte*. Petrópolis: Vozes, 1972.

5 – *Vida para além da morte*. Petrópolis: Vozes, 1973.

6 – *O destino do homem e do mundo*. Petrópolis: Vozes, 1973.

7 – *Experimentar Deus*. Petrópolis: Vozes, 2012 [Publicado em 1974 pela Vozes com o título *Atualidade da experiência de Deus*].

8 – *Os sacramentos da vida e a vida dos sacramentos*. Petrópolis: Vozes, 1975.

9 – *A vida religiosa e a Igreja no processo de libertação*. 2. ed. Petrópolis: Vozes/CNBB, 1975 [Esgotado].

10 – *Graça e experiência humana*. Petrópolis: Vozes, 1976.

11 – *Teologia do cativeiro e da libertação*. Lisboa: Multinova, 1976. • Reeditado pela Vozes (Petrópolis), 1998.

12 – *Natal: a humanidade e a jovialidade de nosso Deus*. Petrópolis: Vozes, 1976.

13 – *Eclesiogênese – As comunidades reinventam a Igreja*. Petrópolis: Vozes, 1977. • Reeditado pela Record (Rio de Janeiro), 2008.

14 – *Paixão de Cristo, paixão do mundo*. Petrópolis: Vozes, 1977.

15 – *A fé na periferia do mundo*. Petrópolis: Vozes, 1978 [Esgotado].

16 – *Via-sacra da justiça*. Petrópolis: Vozes, 1978 [Esgotado].

17 – *O rosto materno de Deus*. Petrópolis: Vozes, 1979.

18 – *O Pai-nosso – A oração da libertação integral*. Petrópolis: Vozes, 1979.

19 – *Da libertação – O teológico das libertações sócio-históricas*. Petrópolis: Vozes, 1979 [Esgotado].

20 – *O caminhar da Igreja com os oprimidos*. Rio de Janeiro: Codecri, 1980. • Reeditado pela Vozes (Petrópolis), 1988.

21 – *A Ave-Maria – O feminino e o Espírito Santo*. Petrópolis: Vozes, 1980.

22 – *Libertar para a comunhão e participação*. Rio de Janeiro: CRB, 1980 [Esgotado].

23 – *Igreja: carisma e poder*. Petrópolis: Vozes, 1981. • Reedição ampliada: Ática (Rio de Janeiro), 1994; Record (Rio de Janeiro) 2005.

24 – *Crise, oportunidade de crescimento*. Petrópolis: Vozes, 2011 [Publicado em 1981 pela Vozes (Petrópolis) com o título *Vida segundo o Espírito*].

25 – *São Francisco de Assis – Ternura e vigor*. Petrópolis: Vozes, 1981.

26 – *Via-sacra para quem quer viver*. Petrópolis: Vozes, 1991 [Publicado em 1982 pela Vozes (Petrópolis) com o título *Via-sacra da ressurreição*].

27 – *O livro da Divina Consolação*. Petrópolis: Vozes, 2006 [Publicado em 1983 com o título *Mestre Eckhart: a mística do ser e do não ter*].

28 – *Ética e ecoespiritualidade*. Petrópolis: Vozes, 2011 [Publicado em 1984 pela Vozes (Petrópolis) com o título *Do lugar do pobre*].

29 – *Teologia à escuta do povo*. Petrópolis: Vozes, 1984 [Esgotado].

30 – *A cruz nossa de cada dia*. Petrópolis: Vozes, 2012 [Publicado em 1984 pela Vozes (Petrópolis) com o título *Como pregar a cruz hoje numa sociedade de crucificados*].

31 – (com Clodovis Boff) *Teologia da Libertação no debate atual*. Petrópolis: Vozes, 1985 [Esgotado].

32 – *A Trindade e a sociedade*. Petrópolis: Vozes, 2014 [publicado em 1986 com o título *A Trindade, a sociedade e a libertação*].

33 – *E a Igreja se fez povo*. Petrópolis: Vozes, 1986 [esgotado]. • Reeditado em 2011 com o título *Ética e ecoespiritualidade*, em conjunto com *Do lugar do pobre*.

34 – (com Clodovis Boff) *Como fazer Teologia da Libertação?* Petrópolis: Vozes, 1986.

35 – *Die befreiende Botschaft*. Friburgo: Herder, 1987.

36 – *A Santíssima Trindade é a melhor comunidade*. Petrópolis: Vozes, 1988.

37 – (com Nelson Porto) *Francisco de Assis – Homem do paraíso*. Petrópolis: Vozes, 1989. • Reedição modificada em 1999.

38 – *Nova evangelização: a perspectiva dos pobres*. Petrópolis: Vozes, 1990 [Esgotado].

39 – *La misión del teólogo em la Iglesia*. Estella: Verbo Divino, 1991.

40 – *Seleção de textos espirituais*. Petrópolis: Vozes, 1991 [Esgotado].

41 – *Seleção de textos militantes*. Petrópolis: Vozes, 1991 [Esgotado].

42 – *Con La libertad del Evangelio*. Madri: Nueva Utopia, 1991.

43 – *América Latina: da conquista à Nova Evangelização*. São Paulo: Ática, 1992 [Esgotado].

44 – *Ecologia, mundialização e espiritualidade*. São Paulo: Ática, 1993. • Reeditado pela Record (Rio de Janeiro), 2008.

45 – (com Frei Betto) *Mística e espiritualidade*. Rio de Janeiro: Rocco, 1994. • Reedição revista e ampliada pela Vozes (Petrópolis), 2010.

46 – *Nova era: a emergência da consciência planetária*. São Paulo: Ática, 1994. • Reeditado pela Sextante (Rio de Janeiro) em 2003 com o título *Civilização planetária: desafios à sociedade e ao cristianismo* [Esgotado].

47 – *Je m'explique*. Paris: Desclée de Brouwer, 1994.

48 – (com A. Neguyen Van Si) *Sorella Madre Terra*. Roma: Lavoro, 1994.

49 – *Ecologia – Grito da terra, grito dos pobres*. São Paulo: Ática, 1995. • Reeditado pela Record (Rio de Janeiro) em 2015.

50 – *Princípio Terra – A volta à Terra como pátria comum*. São Paulo: Ática, 1995 [Esgotado].

51 – (org.) *Igreja: entre norte e sul*. São Paulo: Ática, 1995 [Esgotado].

52 – (com José Ramos Regidor e Clodovis Boff) *A Teologia da Libertação: balanços e perspectivas*. São Paulo: Ática, 1996 [Esgotado].

53 – *Brasa sob cinzas*. Rio de Janeiro: Record, 1996.

54 – *A águia e a galinha: uma metáfora da condição humana*. Petrópolis: Vozes, 1997.

55 – *A águia e a galinha: uma metáfora da condição humana*. Edição comemorativa: 20 anos. Petrópolis: Vozes, 2017.

56 – (com Jean-Yves Leloup, Pierre Weil, Roberto Crema) *Espírito na saúde*. Petrópolis: Vozes, 1997.

57 – (com Jean-Yves Leloup, Roberto Crema) *Os terapeutas do deserto – De Fílon de Alexandria e Francisco de Assis a Graf Dürckheim*. Petrópolis: Vozes, 1997.

58 – *O despertar da águia: o dia-bólico e o sim-bólico na construção da realidade*. Petrópolis: Vozes, 1998.

59 – *O despertar da águia: o dia-bólico e o sim-bólico na construção da realidade*. Edição especial. Petrópolis: Vozes, 2017.

60 – *Das Prinzip Mitgefühl – Texte für eine bessere Zukunft*. Friburgo: Herder, 1999.

61 – *Saber cuidar – Ética do humano, compaixão pela Terra*. Petrópolis: Vozes, 1999.

62 – *Ética da vida*. Brasília. Letraviva, 1999. • Reeditado pela Record (Rio de Janeiro), 2009.

63 – *Coríntios – Introdução*. Rio de Janeiro: Objetiva, 1999 [Esgotado].

64 – *A oração de São Francisco: uma mensagem de paz para o mundo atual*. Rio de Janeiro: Sextante, 1999. • Reeditado pela Vozes (Petrópolis), 2014.

65 – *Depois de 500 anos: que Brasil queremos?* Petrópolis: Vozes, 2000 [Esgotado].

66 – *Voz do arco-íris*. Brasília: Letraviva, 2000. • Reeditado pela Sextante (Rio de Janeiro), 2004 [Esgotado].

67 – (com Marcos Arruda) *Globalização: desafios socioeconômicos, éticos e educativos*. Petrópolis: Vozes, 2000.

68 – *Tempo de transcendência – O ser humano como um projeto infinito*. Rio de Janeiro: Sextante, 2000. • Reeditado pela Vozes (Petrópolis), 2009.

69 – (com Werner Müller) *Princípio de compaixão e cuidado*. Petrópolis: Vozes, 2000.

70 – *Ethos mundial – Um consenso mínimo entre os humanos*. Brasília: Letraviva, 2000. • Reeditado pela Record (Rio de Janeiro) em 2009.

71 – *Espiritualidade – Um caminho de transformação*. Rio de Janeiro: Sextante, 2001. • Reeditado pela Mar de Ideias (Rio de Janeiro) em 2016.

72 – *O casamento entre o céu e a terra – Contos dos povos indígenas do Brasil*. São Paulo: Salamandra, 2001. • Reeditado pela Mar de Ideias (Rio de Janeiro) em 2014.

73 – *Fundamentalismo*. Rio de Janeiro: Sextante, 2002. • Reedição ampliada e modificada pela Vozes (Petrópolis) em 2009 com o título *Fundamentalismo, terrorismo, religião e paz*.

74 – (com Rose Marie Muraro) *Feminino e masculino: uma nova consciência para o encontro das diferenças*. Rio de Janeiro: Sextante, 2002. • Reeditado pela Record (Rio de Janeiro), 2010.

75 – *Do iceberg à arca de Noé: o nascimento de uma ética planetária*. Rio de Janeiro: Garamond, 2002. •

Reeditado pela Mar de Ideias (Rio de Janeiro), 2010.

76 – *Crise: oportunidade de crescimento*. Campinas: Verus, 2002. • Reeditado pela Vozes (Petrópolis) em 2011.

77 – (com Marco Antônio Miranda) *Terra América: imagens*. Rio de Janeiro: Sextante, 2003 [Esgotado].

78 – *Ética e moral: a busca dos fundamentos*. Petrópolis: Vozes, 2003.

79 – *O Senhor é meu Pastor: consolo divino para o desamparo humano*. Rio de Janeiro: Sextante, 2004. • Reeditado pela Vozes (Petrópolis), 2013.

80 – *Responder florindo*. Rio de Janeiro: Garamond, 2004 [Esgotado].

81 – *Novas formas da Igreja: o futuro de um povo a caminho*. Campinas: Verus, 2004 [Esgotado].

82 – *São José: a personificação do Pai*. Campinas: Verus, 2005. • Reeditado pela Vozes (Petrópolis), 2012.

83 – *Un Papa difficile da amare: scritti e interviste*. Roma: Datanews, 2005.

84 – *Virtudes para um outro mundo possível – Vol. I: Hospitalidade: direito e dever de todos*. Petrópolis: Vozes, 2005.

85 – *Virtudes para um outro mundo possível – Vol. II: Convivência, respeito e tolerância*. Petrópolis: Vozes, 2006.

86 – *Virtudes para um outro mundo possível – Vol. III: Comer e beber juntos e viver em paz*. Petrópolis: Vozes, 2006.

87 – *A força da ternura – Pensamentos para um mundo igualitário, solidário, pleno e amoroso*. Rio de Janeiro: Sextante, 2006. • Reeditado pela Mar de Ideias (Rio de Janeiro) em 2012.

88 – *Ovo da esperança: o sentido da Festa da Páscoa*. Rio de Janeiro: Mar de Ideias, 2007.

89 – (com Lúcia Ribeiro) *Masculino, feminino: experiências vividas*. Rio de Janeiro: Record, 2007.

90 – *Sol da esperança – Natal: histórias, poesias e símbolos*. Rio de Janeiro: Mar de Ideias, 2007.

91 – *Homem: satã ou anjo bom*. Rio de Janeiro: Record, 2008.

92 – (com José Roberto Scolforo) *Mundo eucalipto*. Rio de Janeiro: Mar de Ideias, 2008.

93 – *Opção Terra*. Rio de Janeiro: Record, 2009.

94 – *Meditação da luz*. Petrópolis: Vozes, 2010.

95 – *Cuidar da Terra, proteger a vida*. Rio de Janeiro: Record, 2010.

96 – *Cristianismo: o mínimo do mínimo*. Petrópolis: Vozes, 2011.

97 – *El planeta Tierra: crisis, falsas soluciones, alternativas*. Madri: Nueva Utopia, 2011.

98 – (com Mark Hathaway) *O Tao da Libertação – Explorando a ecologia da transformação*. 2. ed. Petrópolis: Vozes, 2012.

99 – *Sustentabilidade: O que é – O que não é*. Petrópolis: Vozes, 2012.

100 – *Jesus Cristo Libertador: ensaio de cristologia crítica para o nosso tempo*. Petrópolis: Vozes, 2012 [Selo Vozes de Bolso].

101 – *O cuidado necessário: na vida, na saúde, na educação, na ecologia, na ética e na espiritualidade*. Petrópolis: Vozes, 2012.

102 – *As quatro ecologias: ambiental, política e social, mental e inte-

gral. Rio de Janeiro: Mar de Ideias, 2012.

103 – *Francisco de Assis – Francisco de Roma: a irrupção da primavera?* Rio de Janeiro: Mar de Ideias, 2013.

104 – *O Espírito Santo – Fogo interior, doador de vida e Pai dos pobres.* Petrópolis: Vozes, 2013.

105 – (com Jürgen Moltmann) *Há esperança para a criação ameaçada?* Petrópolis: Vozes, 2014.

106 – *A grande transformação: na economia, na política, na ecologia e na educação.* Petrópolis: Vozes, 2014.

107 – *Direitos do coração – Como reverdecer o deserto.* São Paulo: Paulus, 2015.

108 – *Ecologia, ciência, espiritualidade – A transição do velho para o novo.* Rio de Janeiro: Mar de Ideias, 2015.

109 – *A Terra na palma da mão – Uma nova visão do planeta e da humanidade.* Petrópolis: Vozes, 2016.

110 – (com Luigi Zoja) *Memórias inquietas e persistentes de L. Boff.* São Paulo: Ideias & Letras, 2016.

111 – (com Frei Betto e Mario Sergio Cortella) *Felicidade foi-se embora?* Petrópolis: Vozes Nobilis, 2016.

112 – *Ética e espiritualidade – Como cuidar da Casa Comum.* Petrópolis: Vozes, 2017.

113 – *De onde vem? – Uma nova visão do universo, da Terra, da vida, do ser humano, do espírito e de Deus.* Rio de Janeiro: Mar de Ideias, 2017.

114 – *A casa, a espiritualidade, o amor.* São Paulo: Paulinas, 2017.

115 – (com Anselm Grün) *O divino em nós.* Petrópolis: Vozes Nobilis, 2017.

116 – *O livro dos elogios: o significado do insignificante.* São Paulo: Paulus, 2017.

117 – *Brasil – Concluir a refundação ou prolongar a dependência?* Petrópolis: Vozes, 2018.

118 – *Reflexões de um velho teólogo e pensador.* Petrópolis: Vozes, 2018.

119 – *A saudade de Deus – A força dos pequenos.* Petrópolis: Vozes, 2020.

120 – *Covid-19 – A Mãe Terra contra-ataca a humanidade: advertências da pandemia.* Petrópolis: Vozes, 2020.

121 – *O doloroso parto da Mãe Terra – Uma sociedade de fraternidade sem fronteiras e de amizade social.* Petrópolis: Vozes, 2021.

122 – *Habitar a Terra – Qual o caminho para a fraternidade universal?* Petrópolis: Vozes, 2021.

123 – *O pescador ambicioso e o peixe encantado – A busca pela justa medida.* Petrópolis: Vozes, 2022.

124 – *Igreja: carisma e poder – Ensaios de eclesiologia militante.* Petrópolis: Vozes, 2022.

125 – *A amorosidade do Deus-Abba e Jesus de Nazaré.* Petrópolis: Vozes, 2023.

126 – *A busca da justa medida – Como equilibrar o Planeta Terra.* Petrópolis: Vozes, 2023.

Conecte-se conosco:

 facebook.com/editoravozes

 @editoravozes

 @editora_vozes

 youtube.com/editoravozes

 +55 24 2233-9033

www.vozes.com.br

Conheça nossas lojas:

www.livrariavozes.com.br

Belo Horizonte – Brasília – Campinas – Cuiabá – Curitiba
Fortaleza – Juiz de Fora – Petrópolis – Recife – São Paulo

EDITORA VOZES LTDA.
Rua Frei Luís, 100 – Centro – Cep 25689-900 – Petrópolis, RJ
Tel.: (24) 2233-9000 – E-mail: vendas@vozes.com.br